성공하는
직장인의
이기는 습관

WINNING HABIT

성공하는 직장인의 이기는 습관

김상범 지음

푸른영토

이 책을 읽기 전 해야 할 일이 있다

꿈을 품어라.

꿈이 없는 사람은 아무런 생명력도 없는 인형과 같다.

벨타사르 그라시안

딱히 할 일이 없는 여가시간이다. 평소 같았으면 그냥 뒹굴뒹굴했 겠지만 오늘은 좀 다르다. 새로운 인생을 살아보기로 마음을 먹었기 때문이다. 계획한 일을 실천에 옮기기 위한 마음의 준비도 끝났다. 더 이상 예전의 내가 아니다. 이제는 정말 의미 있는 삶을 보낼 수 있 을 것만 같다.

새로운 다짐을 한 당신은 이제 이 책에 관심을 보이고 있다. 그런 데 나는 지금 당신에게 한 가지 질문을 하고 넘어가고자 한다. 대체 당신이 무엇을 위해 이 책을 읽으려 하고, 이 책에 나와 있는 것을 마음에 들어하는지 말이다. 그런데 기다렸다는 듯 도리어 당신이 내게 이렇게 질문할 수도 있다.

"대체 내가 무엇을 위해 이러한 질문을 받아야만 하는 겁니까? 나는 시간을 충분히 만들어놓았고 철저히 노력하기 위한 마음가짐도 준비해놓았습니다. 자, 그렇다면 이제 내게 이 모든 것이 무엇을 위한 것인지 알려줄 차례입니다."

내가 쓸데없는 걱정을 했을 수도 있다. 아니, 차라리 그러기를 바란다. 하지만 불행하게도 이런 하소연을 하는 소리가 여기저기서 적지 않게 들리는 듯하다. 결론부터 말하자면 나는 당신에게 '이것을' 혹은 '저것을' 위해 해야 한다는 말을 하지 못한다. 그런 말을 할 수 있는 사람이라면 점쟁이들밖에 없을 것이다. 그것도 엉터리 점쟁이나 그렇게 말을 하고는 한다.

나는 무엇을 하고 싶어 하는가?

무엇을 위해 내가 이 엄청난 노력들을 해야 하는가?

당신이 이 질문에 대한 결론을 내리지 못했다면 이 책을 가만히 덮는 것이 우선되어야 한다. 그런 다음 누구도 아닌 바로 당신 자신에게 물어야 한다.

"내가 하고 싶어 하는 일은 무엇인가?"

진심으로 해보고 싶은 것을 당신 안에서 찾아야만 한다. 다른 사람에게 조언을 구할 수는 있지만 그의 말을 맹목적으로 따라서는 안 된다. 그것은 당신 자신의 진정한 꿈이 아니다. 설사 다른 사람이 요구하는 꿈을 당신이 꾸고 있다 하더라도 다시 한 번 진심으로 고민해보아야 한다. 그를 만족시키기 위해 자신도 모르게 따른 것일 수도 있기 때문이다. 또 유행을 좋아서도 안 된다. 100년 전에 유행했던 것이라도 당신이 하고 싶은 거라면 그것이 바로 당신이 해야 할 일이다.

그러기 위해서는 역시 자신부터 제대로 알아야 한다. 내가 나를 모르고서야 어떻게 내가 원하는 것을 알 수 있겠는가.

우선 혼자만의 공간과 시간을 만들어라. 그리고 그 공간에, 그 시간에 조용히 앉아 눈을 감고 자신만을 생각해라. 그 누구도 끼어들어서는 안 된다. 오로지 자신의 모습만을 떠올리는 것이다. 내가 어떨 때 가장 기뻐하고 슬퍼하는지, 어떤 일을 할 때 즐기고 지루해하는지 등을 말이다. 그러다 보면 어느 순간 탁하고 걸리는 게 있을 것이다. 바로 그것이 당신이 진정으로 하고 싶어 하는 일이다.

그것을 찾은 뒤에 다시 이 책을 읽어 나가야 한다. 그런 때에야 비로소 이 책은 당신에게 제 가치를 발휘할 수 있다. 아무생각 없이 막연하게 읽었을 때는 전혀 와 닿지 않았던 이야기들이 갑자기 머릿속에, 가슴속에 쏙쏙 들어와 박히는 경험을 하게 될지도 모른다. 그리고 나는 진정으로 당신이 그런 경험을 할 수 있기를 바란다.

이기는 삶에 변화,
새로워진 자신을 만나보자

원래 작가의 말은 먼저 읽으라고 존재한다. 하지만 난 이 책의 작가의 말은 제일 마지막에 읽혔으면 한다.

이 책을 읽은 독자들이 어떻게 비판할지 나는 예상하고 있다.

"직장 생활을 하는 대다수의 사람들이 자신이 하는 일에 열정을 느끼지 못합니다. 오히려 싫어하지만 않는다면 다행이라고 하겠네요. 퇴근할 시간이 다가와서야 억지로 일을 마무리하고, 또 그러면서도 퇴근 시간을 넘기지 않고 일을 끝내는 데서 기쁨을 찾습니다. 최선을 다해 업무를 처리하는 경우는 거의 없을 것이라는 말입니다."

.

하지만 나는 임원이나 승진할 가능성이 많은 사람들뿐만 아니라 아직은 풋내기에 불과한 사원들 중에도 자신의 일을 사랑하는 사람들이 얼마든지 있다고 믿고 싶다. 아니, 그렇게 믿고 있으며 또 실제로 그러한 사람들을 보아왔다. 나 역시 여러 지방에서 오랫동안 말단 사원으로 일한 적이 없지 않기 때문이다. 내 동료 중에는 비록 서툴렀어도 자신이 할 수 있는 한의 최선을 다하면서 진정으로 '살아 있는' 시간을 보낸 이들도 분명 있었다. 출·퇴근 시간을 얄미울 정도로 딱딱 지키거나 꾀를 부리는 법이 없는, 그리고 업무시간 동안 자신의 모든 에너지를 써버린 나머지 퇴근할 무렵이면 녹초가 되어 버리고 마는 그런 사람들 말이다.

이들 중에는 자기도 여느 직장인들처럼 퇴근 후에 무언가를 해보려고 애쓰는 사람도 있다. 하지만 퇴근만 하면 몸이 천근만근이라고 한다. 그런 이들에게 해주고 싶은 말이 있다. 매일 반복되는 자신의 일을 사랑하는 당신은 적당히 근무 시간 만 때우다 가는 보통의 사람들보다 훨씬 의미 있게 살고 있다고. 그들에게는 나의 조언도 그다지 쓸모가 없다. 업무시간을 어떻게 보내야 하는지 잘 아는 만큼 그 후의 시간을 어떻게 보내야 하는지도 잘 알 것이기 때문이다. 설령 그들이 퇴근 후의 시간을 잘 관리하지 못하고 쓸데없는 일에 낭비한다 하더라도 업무시간을 포함한 16시간을 낭비하는 사람들에 비하면 그나마 양반이다. 하루 전부를 어영부영, 살아도 사는 것 같지 않게 보

9

내는 것보다는 조금이나마 진심을 다해 보내는 것이 더 나은 법이다.

　문제는 근무 시간은 물론이고 퇴근한 이후에도 의미 있게 살지 못하는 사람들이다. 이쯤에서 내가 이 글을 쓴 이유를 밝힐 때가 되었다. 이렇게 답답한 삶을 사는 사람들을 제일 염두에 두고 쓴 글이다. 아직까지도 '어떻게 살 것인가'의 해답을 찾지 못한 이들을 위한 책인 것이다. 이미 살맛을 본 사람들은 자기 나름대로 더욱더 의미 있는 삶을 보내고자 하지만 그 맛이 어떤지도 모르는 사람들은 아예 시작하는 방법조차 알지 못한다.

　살아가면서 우리는 많은 목표를 가진다. 오늘 하루를 위한 하루 목표도 있고, 인생 자체를 아우르는 큰 목표도 있다. 그중에서도 인생 목표에는 많은 시간과 노력이 투자되어야 한다. 하지만 그것만으로는 충분치 않다. 바로 반드시 해내겠다는, 이룰 수 있다는 자기암시, 곧 주문이 필요하다.

　'아브라카다브라'는 마술사와 마법사들이 사용하는 주문이 있다. 우리의 '수리수리 마수리'와 비슷한 것이다. 그 의미는 '내가 말한 대로 될지어다'이다.

　보통 주문은 반복적으로 되풀이한다. 주문 그 자체에는 무언가를 이룰 수 있는 힘이 없다. 하지만 끊임없이 반복하여, 마치 자기 자신에게 각인이라도 시키려는 듯 주문을 외고 또 외면 주문은 큰 힘을 얻는다. 물론 하루하루 처리해야 할 업무가 만만치 않아 처음부터 완벽하게 따를 수는 없을 것이다. 하지만 일단 몇 가지만 실행하는 일을 목표로 삼는 것만으로도 큰 도움이 되리라 믿는다.

출근 시간을 활용하는 데 어려움을 느낀다면 퇴근 시간을 이용하면 된다. 퇴근 시간을 활용하는 데 어려움을 느낀다면 출근 시간을 이용하면 된다. 또 평일을 활용하기 힘들다면 매주 토요일 오후에서 월요일 새벽까지 40여 시간의 여유를 이용할 수도 있다. 그 시간을 어떻게 보낼지는 오직 당신에게 달려 있다.

이 책의 내용은 하루를 온전히 자신의 것으로 만드는, 그래서 더 나은 나를 만드는 데 필요한 주문서이다. 이 책은 당근이 될 수도 있고, 어떤 때는 채찍이 될 수도 있다.

출근하기도 바쁜데 언제 책을 읽느냐고? 많은 시간이 필요한 것이 아니다. 한 꼭지를 읽는 데는 10분이면 충분하다. 사무실 책상 위나 화장실 손 닿는 곳 어디에 두어도 좋다. 하루 10분쯤은 스마트 폰을 내려놓고 이 책을 읽기를 권한다. 하루에 하나를 일주일 동안 반복해서 읽어보기를 권한다. 그 10분과 일주일이 당신의 인생을 지금과는 다르게 만들어놓을 수도 있다. 아침 10분 동안 나를 위한 코칭! 그것이 당신을 행복하게 해줄 주문이다.

53개의 주문으로 1년 후 새로워진 당신을 만나고 싶다.

김상범

차례

아침을 바꾸어야 한다.

아침의 활기를 되찾아야 한다.

잃어버린 아침의 활기를 되찾을 때

당신의 하루, 당신의 내일,

더 나아가 당신의 꿈과 인생을 되찾을 수 있다.

WINNING HABIT
01

자연의 시간에 순응하라

근심이 많고 외롭고 불행한 사람들을 치료할 수 있는 최고의 비법은
혼자서 조용히 하늘과 자연과 신을 느낄 수 있는 곳을 찾아가는 것이다.
그곳에서만 모든 것이 제대로 돌아가고 있음을 느끼고,
신은 인간이 자연 속에서 행복을 느끼기를 바란다는 것을 알 수 있기 때문이다.

안네 프랑크

인간은 자연에서 태어나 자연으로 돌아간다. 자연의 일부라는 뜻
이다. 자연의 움직임은 인간의 몸 안에서도 그대로 일어난다. 자연의
순리대로 살아야 육체적으로도, 정신적으로도 가장 건강할 수 있는
이유가 여기에 있다.

따라서 사람은 어느 정도 일을 했으면 딱 그만큼 쉬어야만 하는 존

재다. 농사를 짓던 밭에도 휴경이 존재하는 것처럼 말이다. 만약 적절하게 쉬지 못한다면 사람이고 자연이고 좋은 열매를 맺을 수 없다. 또한 사람은 일할 수 있는 나이가 제한되어 있다. 어린아이나 노인은 일할 수 없다. 이 또한 자연의 섭리다. 유목이나 고목이 열매를 맺지 못할 수밖에 없는 이치와 같다. 결국 한 생명체로서의 인간은 자연의 구속에서 완전히 벗어날 수 없다. 탄생과 소멸, 음과 양, 성장과 쇠퇴 등의 자연 흐름을 절대로 거역할 수 없는 것이다.

물론 최첨단 시대가 되면서 인위적으로 세월을 늦추는 사람도 많아졌다. 보톡스를 맞아 주름살을 숨긴다. 또 그 밖에도 전혀 상상할 수 없는 다양한 신기술로 늙음을 막고 있다. 하지만 그것에는 분명 언젠가 한계가 있을 수밖에 없다. 또한 자연스러운 아름다움을 전혀 찾아볼 수 없다.

자연의 순리에 맞춰 살아야만 육체와 정신이 건강할 수 있다는 것은 이제 상식이 되었다. 인간의 몸은 자연의 일부다. 한 인간의 몸 안에 우주가 담겨 있다는 말이 있다. 우주의 움직임은 우리의 몸 안에서도 그대로 진행되거나 재현된다.

자연 속에서 살아가는 모든 생물체가 새롭게 하루를 시작하는 시간이 있다. 아침 5시다. 이때 기압과 기온, 습도는 불안정해진다. 바람이 방향을 바꾼다. 밤이 모습을 감추고 낮이 얼굴을 비치는 징조인 것이다. 음과 양이, 달과 태양이 자리를 바꾼다. 사람의 맥박도 가장 빨라진다. 자연의 순환에 가장 예민한 신생아와 노인들은 이 시간쯤 잠에서 깨어난다. 자연의 순리에 가장 가까운 삶을 사는 농부들 역시 이때 눈을 떠 하루를 시작한다.

따라서 당신 역시 이 시간에 일어나 활기찬 하루를 맞이해야 한다. 5시에 일어니 몸이 완전히 풀리는 6시부터 8시까지 명상이나 독서, 간단한 공부를 하면 저녁 시간에 하는 것의 다섯 배에 달하는 효과를 누릴 수 있다. 사실 몸과 머리가 가장 가벼워지는 이때는 무엇을 해도 좋은 시간이다. 상쾌한 기분으로 하루를 계획하고, 명상, 공부, 운동 등을 해도 좋은 이 시간의 즐거움을 만끽하길 바란다.

 이기는습관

● 자연의 순리에 맞춰 살아야만 육체와 정신이 건강할 수 있다.

● 5시에 일어나 몸이 완전히 풀리는 6시부터 8시까지 명상이나 독서, 간단한 공부를 하면 저녁 시간에 하는 것의 다섯 배에 달하는 효과를 누릴 수 있다.

● 몸과 머리가 가장 가벼워지는 5시는 무엇을 해도 좋은 시간이다.

WINNING HABIT
02

아침, 30분 일찍 일어나라

이른 아침은 입에 황금을 물고 있다.

벤저민 프랭클린

30분 동안 우리는 무엇을 할 수 있을까? 점심때나 저녁때의 30분은 대수롭지 않은 시간일지 모른다. 하지만 아침때 30분의 경우 이야기가 달라진다. 30분만 일찍 일어나도 할 수 있는 일이 어마어마해지고, 특별할 것 없이 늘 똑같이 맞았던 아침이 다르게 다가온다.

일단 욕실로 들어가 좀 더 신경 써서 면도를 하고, 눈에 보이는 대로 아무렇게나 입고 맸던 와이셔츠와 넥타이를 색깔 맞춰 고른다. 그리고 아내가 정성 들여 차려준 아침을 맛있게 먹는다. 이 아침상은 당신의 엔도르핀을 마구 생성되게 할 것이다. 덜 뜬 눈으로 당신에게

·

21

잘 다녀오라며 인사하는 아이들과의 뽀뽀는 고된 하루를 버티게 해 줄 에너지가 된다.

여기서 끝이 아니다. 당신이 주 5일제 근무를 한다고 가정하고 하루에 30분만 일찍 일어나면 일주일에 두 시간 30분을 버는 셈이다. 두 시간 30분은 결코 짧은 시간이 아니다. 어떤 일 하나를 처리할 수 있는 충분한 시간인 것이다. 이러한 생각으로 30분을 알차게 사용할 때 당신의 아침이 바뀌고, 하루가 바뀌고, 평생이 바뀐다.

누구나가 존경하고 멘토로 삼는, 성공한 사람들은 어떻게 그 자리에 올라설 수 있었을까? 많은 사람들이 그 과정을 궁금해할 것이고, 자신 역시 그렇게 하려 노력할 것이다. 그런 데 어떤 사람은 성공한 사람은 보통 사람들과는 다른, 어떤 특별한 능력을 지니고 있을 거로 생각한다. 그러면서 자신에 게는 특별한 능력이 없기 때문에 성공할 수 없는 거라며 현실과 타협해버린다. 하지만 성공한 사람들의 일대기를 살펴보면 그들 역시 지극히 평범했고 눈물겨운 노력을 했음을 알 수 있다. 개중에는 보통 사람들보다 더 어려운 경험을 한 사람도 많이 있다. 어렸을 때부터 특출했던 사람은 그리 많지 않은 것이다.

장애를 가졌음에도 불구하고 남들보다 그것을 이겨내고 성공한 사람들을 우리는 잘 알고 있다. 세계적으로 유명한 베토벤, 세르반테스, 미켈란젤로 등이 그들이다.

베토벤은 청력을 잃은 채로 음악을 작곡했다. 다른 사람들보다 얼마나 피나는 노력을 해야 했는지 말하지 않아도 충분히 예상할 수 있을 것이다. 그렇게 작곡된 베토벤의 음악은 여전히 그 생명력을 잃지 않고 있다.

또 인간이 지닌 두 개의 경향, 즉 이상과 현실을 멋지게 표현했다는 평을 받는 《돈키호테》의 작가 미겔 데 세르반테스는 '레판토의 외팔이'라 불렸다. 레판토 해전에서 세 발의 총알을 맞고 왼팔을 쓸 수 없는 장애를 가지게 되었기 때문이다. 게다가 억울한 누명을 쓰고 감옥에까지 갇히게 되었다. 세르반테스는 좌절감을 느낄 수밖에 없었다. 하지만 그는 그대로 쓰러지지 않았다. 좌절감과 무료함을 달래기 위해 소설을 구상하기 시작한 것이다. '돈키호테'는 이 비뚤어진 암담한 현실을 뛰어넘을 만한 기막힌 캐릭터였다. 그리고 《돈키호테》는 출간되자마자 대단한 성공을 거두었다.

르네상스의 3대 거장 중 한 명인 부오나로티 미켈란젤로는 또 어떤가. 1508년 그는 율리우스 2세의 주문을 받고 로마 시스티나성당의 천장화를 그리게 되었다. 고개를 뒤로 젖힌 채 천장에 물감을 칠해나가는 고된 작업이었다. 이로 인해 목에 장애가 생기고 시력에 이상이 생기기도 했지만 그는 포기하지 않았다. 그리고 마침내 모든 어려움을 혼자서 극복하고 무려 4년에 걸친 대장정을 끝냈다. 이때 그려진 그림이 그 유명한 〈천지창조〉다. 그리고 그는 1535년 〈천지창조〉에 이은 또 하나의 대작을 맡았다. 1541년 완성한 〈최후의 심판〉이

.

그것이다. 60대의 노인이었을 때 〈최후의 심판〉을 그리기 시작한 미켈란젤로는 심신이 지칠 수밖에 없었다. 하지만 어려움을 겪어도 끝까지 포기하지 않은 결과 그의 작품과 이름은 역사에 길이길이 남게 되었다.

한 달만 30분 일찍 일어나려 노력하면 그 뒤에는 굳이 노력하지 않아도 당신의 기상 시간이 자연스럽게 30분 앞당겨 있을 것이다. 이 30분을 이용해 성공에 한 발짝 다가설 수 있도록 하느냐, 못 하느냐는 당신에게 달려 있다.

 이기는 습관

● 30분만 일찍 일어나도 할 수 있는 일이 어마어마해진다.

● 30분만 일찍 일어나도 특별할 것 없던 아침이 다르게 다가온다.

● 30분을 알차게 사용할 때 당신의 아침이 바뀌고, 하루가 바뀌고, 평생이 바뀐다.

WINNING HABIT

03

활기차게 아침을 시작하라

무기력한 아침은 무기력한 하루를 만든다.

다카이 노부오

날이 밝아온다. 새들이 벌레를 잡기 시작하고 신문과 우유도 집 대문 앞에 놓이기 시작하는데 당신은 아직도 꿈속을 헤매고 있다. 곧이어 휴대전화 알람 소리가 당신을 깨운다. 당신은 얼굴을 찡그리며 눈을 반쯤 감은 상태로 5분 뒤에 알람 소리가 한 번 더 울리도록 설정을 해놓는다. 그러고는 다시 잠의 늪에 빠진다.

어느 집에서나 흔히 볼 수 있는 아침 풍경이다. 대부분의 사람들은 잘 수 있을 만큼 최대한 잔 다음 허둥지둥 일어나 정신없이 준비를 하고 출근길에 오른다. 이들에게 상쾌한 새 아침의 햇살이란 그리 중요

.

한 것이 아니다. 버스나 전철에서 오늘 하루를 어떻게 보낼 것인가 생각하는 대신에 모자란 잠을 보충하기 바쁘다. 이미 침대에서 버틸 만큼 버텼음에도 불구하고 말이다. 말끔하고 단정한 모습으로 출근하는 사람은 그리 많지 않다. 옷차림은 후줄근하고 머리카락도 덜 말린 채 출근하는 사람이 대부분이다. 심지어 미처 끝내지 못한 화장을 출근길에 부랴부랴 하는 여성도 부지기수다.

하지만 여기 남들과는 조금 다르게 아침을 맞는 이가 있다. 그는 늘 일정한 시간에 저절로 눈을 뜬다. 그리고 주저하지 않고 벌떡 일어난다. 잠의 세계에서 현실 세계로 도약하는 발걸음이 누구보다 힘차다. 새로운 하루를 맞이할 활기는 충분히 충전되어 있다.

그는 창문을 활짝 연다. 따사로운 아침 햇살이 그를 반기기라도 하듯 아낌없이 내리쬐어 준다. 마치 광합성을 하는 식물이라도 되는 것처럼 아침 햇살을 온몸으로 기쁘게 받아들인다. 심호흡을 하고 기지개를 켠다. 맑고 고운 새소리가 들린다. 그보다 부지런한 도시의 새들이 벌레를 잡아먹느라 벌써부터 소란스럽다.

그는 매일 아침 일어나 상쾌함을 느끼고 활기를 온몸으로 받아들이는 이 활동을 거르지 않는다. 특별한 일이 있어 무려 한 시간이나 일찍 일어나야 하는 날에도 마찬가지다. 오히려 그는 아침과는 또 다른 매력을 지닌 힘찬 새벽 기운을 들이켜면서 온몸의 세포 하나하나를 일깨운다. 그 시간 그의 얼굴은 평화롭다. 희미한 미소가 감돈다.

.

누구라도 그처럼 아침을 맞이한다면 불행하거나 절망적인 표정을 지을 수 없게 된다.

그는 듣기 싫은 휴대전화 알람 소리에 억지로 일어나는 여느 사람들과는 다르다.

그는 자신의 어떠한 일이든 능동적으로 대처할 수밖에 없는 사람이다.

그는 자신의 시간을 함부로 흘려보내지 않을 자세가 되어 있을 수밖에 없는 사람이다.

그는 신체적으로도, 정신적으로도 건강할 수밖에 없는 사람이다.

그는 특별한 영양식이나 보충제를 필요로 하지 않을 수밖에 없는 사람이다.

그는 부지런한 생활을 할 수밖에 없는 사람이다.

분명 별거 아닌 하루의 시작임에도 불구하고 그것은 그의 인생 전체를 반짝반짝 빛이 나게 한다.

문제는 아침이지만 그 영향은 개인의 모든 것에까지 미치기도 한다. 아침을 바꾸어야 한다. 아침의 활기를 되찾아야 한다. 잃어버린 아침의 활기를 되찾을 때 당신의 하루, 당신의 내일, 더 나아가 당신의 꿈과 인생을 되찾을 수 있다.

.

이기는 습관

● 남들과는 조금 다르게 아침을 맞이하라.

● 잠의 세계에서 현실 세계로 도약하는 발걸음이 누구보다 힘차야 한다.

● 매일 아침 일어나 상쾌함을 느끼고 활기를 온몸으로 받아들여라.

● 문제는 아침이지만 그 영향은 개인의 모든 것에까지 미치기도 한다.

● 잃어버린 아침의 활기를 되찾을 때 당신의 하루, 당신의 내일, 더 나아가 당신
의 꿈과 인생을 되찾을 수 있다.

아침 운동을 시작하라

나의 정신은 오직 나의 다리와 함께 움직인다.

장 자크 루소

운동이 몸에 좋다는 것은 누구나 다 알고 있을 것이다. 특히 아침에 하는 운동은 하루를 활기차게 보낼 수 있게 해주는 에너지원이 된다. 아침 일찍 집 앞 공원이나 강 부지로 나가 보자. 상쾌한 아침 공기를 마시며 운동을 하고 있는 사람이 꽤 많이 보일 것이다. 그들은 하루를 정말 열심히 사는 사람들이다. 당신 역시 그들과 같은 부류의 사람이 되어야 한다.

그렇다면 아침 운동은 어떻게 하는 것이 좋을까?

지나치게 무리한 운동보다는 가벼운 운동이 좋다는 것을 명심해야

·

한다. 잠을 잘 때 사람은 모든 의식과 몸을 내려놓는다. 근육과 뼈가 움직이지 않을 뿐만 아니라, 호흡과 심장 박동을 담당하는 기관을 제외한 나머지 내장들도 쉬기를 원한다. 몸의 기관은 의식이 완전히 깨어난 이후에도 서서히 깨어나는 중인 경우가 많다. 우리가 막 잠에서 깨어났을 때 몸을 쉽사리 움직일 수 없는 이유다. 그런 몸을 갑자기 격하게 움직이는 것은 좋지 못하다.

따라서 아침에 하면 좋은 운동으로는 가벼운 체조나 짧은 산책 등을 꼽을 수 있다. 가볍게 뛰는 것 정도까지도 괜찮다. 앞에서도 이야기했듯 땀을 흘릴 정도로 빠르게 뛴다거나 너무 많이 뛰면 지나친 에너지를 소비하게 되어 오히려 컨디션이 망가질 수 있다. 게다가 처음 아침 운동을 시작하는 사람이라면 더욱 그럴 것이다. 일하면서 심한 피로를 느껴 업무에 지장을 줄지도 모른다. 에너지를 얻자고 시작한 운동인데 도리어 에너지를 버려서야 되겠는가. 또한 힘이 많이 드는 운동은 저녁에 할 때 그 효과가 크다.

이제 막 아침 시간을 바꾸려고 노력하는 사람이라면 30분 일찍 일어나는 것조차 버거운 일일 수 있다. 이런 사람에게 처음부터 아침 운동을 기대하는 것 자체가 어불성설일지도 모른다. 기상하자마자 크게 기지개를 켜는 것부터 시작해도 충분하다. 양손을 위로 쭉 올리고 등을 편 상태로 허리를 좌우로 왔다 갔다만 해주어도 가벼운 스트레칭이 된다. 굳었던 몸이 어느 정도 풀어지고 제 움직임을 시작한다.

앞에서도 이야기했지만, 아침 6시에서 8시 사이가 뇌가 가장 활발하게 활동하는 시간이다. 그런데 아침 운동을 한답시고 무리해서 모든 체력을 써버린다면 뇌의 활동력을 낭비하는 것과 다름없게 된다. 반면 가벼운 운동은 활발하게 활동을 시작한 뇌에게 날개를 달아주는, 좋은 자극제가 될 수 있다.

 이기는 습관

● 아침 운동은 하루를 활기차게 보낼 수 있게 해주는 에너지원이다.

● 기상하자마자 크게 기지개를 켜는 것부터 시작해도 충분하다.

● 가벼운 운동은 활발하게 활동을 시작한 뇌에게 날개를 달아주는, 좋은 자극제가 될 수 있다.

출근 전, 5분 명상을 시작하라

잠시 동안 가만히 앉아
사색하는 것을 두려워하지 마라.

로레인 핸스버리

사실 바쁜 현대인에게 아침의 명상은 그리 쉬운 일이 아니다. 많은 사람들 역시 차라리 운동이나 공부를 했으면 했지 뭐하러 가만히 앉아 시간 낭비를 하느냐고 생각할 것이다. 하지만 명상은 시간 낭비를 위한 것이 아니다. 아침에 5분 정도 만 꾸준히 명상을 하다 보면 그 효과는 분명히 나타날 것이라 확신한다.

불교 경전을 아침마다 한 구절씩 읽는 사람이 있다. 이 이야기를 들으면 대부분의 사람들이 그를 속세와 거리가 먼 사람이라고 생각하겠지만 천만의 말씀이다. 그는 어느 누구보다 일상 속에서 열심히 살고 있다. 그의 저녁 시간에는 보통 사람들과 마찬가지로 접대가 있게 마련이다. 술자리를 피할 수 없는 것도 당연하다. 집에 들어오면 밤 12시가 넘는 일이 부지기수다.

이 정도면 피로에 시달리는 것이 당연한데 그는 남에게 흐트러진 모습을 보이지 않는다. 오히려 얼굴에 생기가 가득하다. 어떻게 그것이 가능할까? 지난 하루 동안 소진했던 에너지를 다음 날 아침에 재충전하는 시간을 갖는 것이다. 아침 5분 동안만큼은 일상의 모든 것을 잊고 머리와 마음을 비우는 것이 그의 비결이다. 그는 말한다.

"저는 하루의 어떤 시간도 허투루 쓰지 않습니다. 늘 바빠 움직이죠. 그런데 제가 아무것도 하지 않는 시간이 딱 한 번 있습니다. 아침에 5분 동안 명상하는 시간입니다. 어떤 때는 바쁘게 돌아다니는 시간보다 가만히 앉아 있는 그 시간이 더 의미 있게 느껴지기도 합니다."

그렇다면 명상을 하기 위해서는 어떻게 해야 할까? 일단 그 시간만큼은 누구에게도 방해받지 않을 자신만의 공간을 준비해야 한다. 그리고 자신만의 공간에서 아빠 다리를 하고 앉아 허리를 곧게 편다. 벽에 전신거울이 있다면 내 자세가 어떤지 확인하면서 진행하는 것이 좋다. 자세가 바른 것을 확인했다면 눈을 지그시 감고 고개를 살짝 내린다. 두 손은 무릎 위에 올려놓고 엄지와 검지를 동그랗게 말아 끝이 닿게 한다.

처음이라 익숙지 않다면 그냥 모든 손가락을 포함한 두 손을 무릎 위에 살짝 올려놓는 것도 나쁘지 않다.

이제 막 명상을 시작한 사람에게는 이 부동자세로 고작 1분 버티는 것도 쉬운 일이 아닐 것이다. 자세에 신경 쓰느라 머릿속을 비우는 것도 녹록지 않다. 편히게 앉는 게 익숙하기 때문에 조금이라도 방심하면 등은 금세 굽어진다. 따라서 자세에 익숙해지도록 습관을 들이는 것이 먼저다. 이 자세를 5분 동안 꾸준히 실행하면 나중에는 일부러 신경 쓰지 않아도 언제 어디에서나 앉을 때마다 등을 곧바로 펴고 있는 자신의 모습을 발견할 수 있다.

자세가 완성되었다면 이제는 머릿속을 정리할 차례다. 올바르게 앉아 있을 수 있더라도 머릿속이 뒤죽박죽이라면 아무 소용이 없다. 명상의 의미는 머릿속을 정리하고 비우는 데 있기 때문이다. 그런데 아무리 명상에 숙련된 사람이라도 '머릿속을 비워야지' 하고 마음먹은 다음 바로 머리를 비우는 것이 가능하지는 않을 것이다. 머리를 비우기 위해서는 숨에 집중해야 한다. 실제로 많은 명상 숙련자들도 이 방법을 취하고 있다. 먼저 숨을 아주 천천히, 들이쉴 수 있을 만큼 최대한 길게 들이쉬었다가 다시 아주 천천히 내쉰다. 빨라진 생활에 익숙해지고 천천히 숨의 움직임을 느낄 여유조차 없어진 현대인이 이러한 활동을 하기는 쉽지 않다. 그렇기 때문에 천천히 숨을 쉬고 느끼기 위해서는 온통 거기에 신경을 집중할 수밖에 없다. 그리고 그러다 보면 어느 순간 머릿속을 헤집던 수많은 생각이 사라져 있을 것이다. 만약 잡념이 너무 많아 도저히 숨쉬기에 집중할 수 없다면 머릿속으로 삼각형 하나를 그려본다. 삼각형이 뾰족한 날을 세워 잡념을 헤칠 수 있다. 삼각형이 잡념에 밀려난다면 더 크고 날카로운 삼각형을 다시 그린다. 그렇게 잡념을 떨쳐내려 노력해야 한다.

처음에는 어렵지만 꾸준히 노력해서 습관이 되면 마침내 대나무 속처럼 비워지는 맑고 텅 빈 몸을 경험할 수 있다. 비움으로 인해서 채워지는 오묘한 충만함을 느껴보기 바란다.

 이기는 습관

● 출근 전 5분, 꾸준히 명상을 하다 보면 그 효과는 분명히 나타날 것이다.

● 명상의 의미는 머릿속을 정리하고 비우는 데 있다.

● 비움으로 인해서 채워지는 오묘한 충만함을 느낄 수 있도록 한다.

아침 식사는 귀족처럼 즐겨라

당신의 식습관을 들으면

당신이 자신을 어떻게 생각하는지 알 수 있다.

앙텔므 브리야샤바랭

아침은 귀족처럼, 점심은 평민처럼, 저녁은 거지처럼 먹어야 한다는 말이 있다. 그만큼 아침에 먹는 밥이 인간의 몸에 이롭다는 뜻일 것이다. 아침 식사가 하루에 얼마나 많은 영향을 미치는지도 이미 많은 연구 결과를 통해 드러나 있다.

하지만 그럼에도 불구하고 아침을 꼬박꼬박 챙겨 먹는 현대인은 그리 많지 않다. 그 이유는 보통 두 가지로 나뉜다. 시간이 없다거나, 입맛이 없다거나. 그런데 두 가지 이유 모두 늦잠을 자는 데서 비롯

한다는 사실을 당신은 인지하고 있는가?

앞에서도 이야기했지만, 몸의 장기가 완전히 깨어나는 데는 한 시간 정도가 소요된다. 입맛이 돌아오는 데 걸리는 시간도 이와 같을 것이다. 허둥지둥 일어나 10분 만에 씻고 식탁에 앉는다 한들 밥은 쉬이 넘어가지 않는다. 돌멩이를 씹는 것처럼 입안은 까끌까끌하다. 국물이라도 있으면 그나마 다행이다. 국물에 밥 몇 알을 대충 말아 물처럼 후루룩 마셔버리면 그만이기 때문이다. 하지만 그렇게 되면 당신은 편할지 몰라도, 댓바람부터 일어나 생선을 튀기고 갓 무친 나물을 접시에 정갈하게 담아 식탁 위에 올려놓은 당신의 아내는 허무함과 서운함, 심하면 분노를 느낄지도 모른다. 자신이 정성 들여 만든 음식을 상대방이 맛있게 먹어주는 만큼 뿌듯한 것도 없기 때문이다. 뼈 빠지게 준비한 아침상을 먹는 둥 마는 둥 하는 일이 반복되기 시작하면 당신의 아내는 차츰 당신에게 아침을 준비해주는 필요성을 느끼지 못하게 된다. 결국 나중에는 당신이 아침밥을 요구해도 들은 척도 안 하는 아내의 모습을 보게 될 것이다.

시간이 없어 아침을 먹지 못한다는 것은 굳이 설명하지 않아도 될 듯하다. 아침을 먹지 않고 출근을 하면 점심시간이 되기 한 시간 전쯤부터 배가 고프기 시작한다. 그리고 그때부터는 신경이 온통 배고픔에 집중되어 일을 제대로 할 수 없게 된다. 무기력해지고 사소한 실수가 잦아지는 것이다. 문제는 여기에서 그치지 않는다. 배가 많이 고프기 때문에 점심을 먹을 때는 빨리, 그리고 많이 먹을 수밖에 없다. 그러다 보면 소화가 안 되기 일쑤다. 오전에는 공복감 때문에, 오후에는 포만감 때문에 하루 업무를 망치고 싶지 않다면 아침은 꼭 하는 것이 좋다.

찬물로 세수를 하고 따뜻한 차 한 잔을 마신다. 그리고 가벼운 스트레칭으로 밤새 휴식을 취한 몸을 깨운 뒤 식탁에 앉는다면 밥맛이 없을 리 없다. 몸을 움직이면 내장도 덩달아 자극된다. 그에 따라 소화액이 분비되고 공복감을 느끼게 된다.

그러므로 아침은 잘 먹어야 한다. 무작정 많이 먹어야 한다는 말이 아니다. 좋은 식단으로, 좋은 조리법으로 준비해 먹어야 한다는 뜻이다. 어떤 식품이 몸에 좋은지는 여기서 굳이 언급하지 않아도 누구나 다 알 것이다. 이제 상식이 되었을 정도로 말이다.

하지만 당신은 이미 몸에 좋은 식품이 무엇인지 아주 잘 알고 있음에도 불구하고 그 식품을 먹는 법이 거의 없다. 한번 생각해보라. 당신이 좋은 식품이라고 생각하는 그것이 당신의 식탁에 얼마나 올라가는지를, 그리고 그 음식에 얼마나 자주 젓가락질을 하는지를 말이다. 자신 있게 이야기할 수 있는 사람은 몇 안 될 것이다.

싱싱한 야채와 과일이 함께하는 끼니 대신 화학조미료나 첨가물이 잔뜩 들어간 끼니를 즐긴다. 조미료 맛에 익숙해진 당신은 그것이 들어가지 않은 음식으로 식탁을 채우기가 쉽지 않다. 하지만 이제부터 매일 아침을 먹기로 결심했는데 몸에 좋지도 않은 음식을 먹어서야 되겠는가. 오히려 아예 먹지 않았던 편이 나았을지도 모른다. 따라서 이제는 좋은 재료로 만들어진 음식이 가득 찬 식탁을 준비해야 한다.

물론 몸에 좋은 식품은 그것을 준비하는 데 시간이 많이 걸리고 손이 많이 간다. 아예 방법이 없는 것은 아니다. 예전에는 단순하게 빵과 우유가 식탁에 준비되었다면 이제는 그 빵과 빵 사이에 싱싱한 야채와 과일이 들어가는 것만으로도 충분하다. 다른 스타일을 원한다면 그리 어렵지 않은 잡곡밥과 된장국 혹은 미역국으로 준비하면 된다.

채식 위주의 식사. 적은 양을 천천히 꼭꼭 씹어 먹는 식사 습관. 혼자가 아닌 가족과 함께하는 식탁. 이야기가 있는 식탁. 위의 것들이 골고루 이루어졌을 때 당신의 가장 풍요로운 아침 식탁이 된다.

다시 한 번 말하지만 5시에 일어나 크게 기지개를 켜고 가벼운 운동을 한 다음 명상을 하자. 그러고 나서 식탁 앞에 앉아보아라. '밥맛이 꿀맛'이라는 말을 새삼 이해할 수 있을 것이다.

 이기는 습관

● 아침은 귀족처럼, 점심은 평민처럼, 저녁은 거지처럼 먹어야 한다.
● 아침은 하루의 에너지원이다.

즐거운 마음으로 출근하라

아침에 눈을 뜨면 음식과 삶의 기쁨에 감사하라.

감사할 것이 없다는 느낌이 드는 것은

잘못된 생각을 하고 있기 때문이다.

테컴쉬

출근하기 위해 대문을 나서는 당신의 모습은 어떤가. 활기찬 모습으로 배웅하는 가족들에게 뽀뽀를 해주며 대문을 나서는가? 아니면 배웅해주는 사람이 다 속상할 만큼 맥 빠진 모습으로 터덜터덜 대문을 나서는가? 그것도 아니면 가족들의 배웅이고 뭐고 모두 뒤로한 채 허둥지둥 대문을 박차 고 뛰어가기 바쁜가?

어떤 모습이 가장 좋은지는 굳이 말하지 않아도 잘 알 수 있을 것

.

이다. 지금까지는 두 번째나 세 번째처럼 행동했을지 몰라도 이제부터는 첫 번째처럼 할 수 있도록 노력해야 한다. 한번 상상을 해보자.

사랑하는 가족들과 함께 여유로운 아침 식사를 하고 모든 준비를 마친 다음 출근하기 위해 현관에서 구두를 신는다. 아내는 당신의 비뚤어진 넥타이를 다시 한 번 매만져 준다. 자식들은 당신의 입술과 볼에 뽀뽀를 해준다. 마지막으로 웃으며 손을 흔들어주는 가족들의 모습을 보고 거울을 보며 옷매무새를 한 번 정돈한 다음 힘차게 대문을 나선다. 길을 걷고 버스를 기다리는 도중 자신도 모르게 콧노래가 절로 난다. 이 모든 것들이 일할 때 좋은 에너지가 되어주는 것은 물론이다. 하지만 어깨가 축 처져 대문을 나선다거나 인사도, 매무새를 정리할 겨를도 없이 대문을 박차고 뛰어가기 바쁘다면 콧노래는 고사하고 하루를 순탄치 못하게 보낼 확률이 높아진다.

운동화를 대충 구겨 신기보다는 광이 나는 말끔한 구두를 신고 활기차게 대문을 나선 다음 콧노래를 부르며 출근하자. 길에서 지나치는 수많은 사람들은 당신에게서 아침의 활기찬 기운을 충전한 반짝반짝한 빛을 느낄 것이다.

버스나 전철에서 모자란 잠을 보충하기보다는 반짝반짝한 눈을 빛내며 아침 햇살을 온몸을 느끼는 것이 좋다. 사람 역시 자연의 일부이기 때문에 광합성을 해줄 필요가 있다. 산뜻한 아침 햇살은 당신의 기분을 더욱 가볍게 해줄 것이다.

.

회사에 도착해 선배, 동료, 후배들의 인사를 받기 전 먼저 큰 소리로 인사를 건네보자. 활기찬 당신의 목소리에 모두들 함박웃음을 지어줄 것이다.

이 모두가 활기차게 대문을 나서는 것에서부터 시작된다.

 이기는습관

● 어깨가 축 처져 대문을 나선다거나 인사도, 매무새를 정리할 겨를도 없이 대문을 박차고 뛰어가기 바쁘다면 하루를 순탄치 못하게 보낼 확률이 높다.

● 버스나 전철에서 모자란 잠을 보충하기보다는 반짝반짝한 눈을 빛내며 아침 햇살을 온몸을 느끼는 것이 좋다.

● 회사에 도착해 선배, 동료, 후배들의 인사를 받기 전 먼저 큰 소리로 인사를 건네자.

·

남들이 생각지도 않는 시간을 활용하면

성공에 한 걸음 더 다가설 수 있다.

남들 다 열심히 하는 시간에

자기도 열심히 한다고 해서

남들과 무슨 차이가 나겠는가?

출근의 시간은 블루오션이다

잠시도 쉬지 말고 살아가라.

시몬 드 보부아르

아침 7시에서 8시, 대부분의 직장인들이 출근을 하는 시간이다. 개중에는 자가용을 이용하는 사람도 있고 버스나 전철 같은 대중교통을 이용하는 사람도 있다. 여기서는 대중교통을 이용해 출근하는 사람들을 살펴보기로 한다. 당신 역시 대중교통을 이용해 출근하는 사람 중 하나일지 모른다. 만약 그동안 자가용을 이용해 출퇴근을 했다면 한 번쯤은 대중교통을 이용해볼 것을 권한다.

출근 시간 때 대중교통 안의 광경은 어떠한가? 다양한 사람들이 제각각 다양한 일들을 하고 있다. 대부분의 사람들은 앉아서 존다. 심지어 손잡이를 잡고 서 있는 이들 중에도 조는 사람이 있다. 그 밖에 멍하니 창밖을 응시하는 사람, 각종 서류나 책을 읽는 사람, 휴대폰을 들여다보는 사람, 귀에 이어폰을 꽂고 음악을 듣는 사람, 광고를 하나하나 유심히 보고 있는 사람, 노트에 무언가를 끄적끄적 적는 사람, 화장을 고치거나 막 시작하는 사람, 태블릿PC나 노트북을 하는 사람 등 조금은 특별한 일을 하는 사람도 심심찮게 만나 볼 수 있다.

그런데 이때 화두가 되는 것은 사람들 모두 자신만의 세계에 빠져들어 있다는 점이다. 어느 누구도 남의 세계를 간섭하지 않는다. 출근 시간에는 삼삼오오 모여서 떠드는 사람도 찾아보기 힘들다. 그렇기 때문에 여느 시간대와는 다른 낯선 정 적이 흐른다. 바로 이 시간을 이용해야 한다. 출근하는 데 길게는 두 시간이 걸리는 사람도 있다. 그 시간을 매일 멍하게, 자는 것으로 보내는 사람과 하루의 계획을 세우거나 책을 읽는 것으로 보내는 사람의 차이는 극명하게 드러나기 때문이다. 출근 시간을 잠을 보충하는 시간으로 이용하는 대신 무언 가를 이루기 위한 발판을 마련하는 시간으로 이용해보자. 출근하는 동안의 잠깐인 시간이라고 해서 우습게 보면 안 된다. 결코 아무것도 할 수 없는 시간이 아니다.

간밤에 어떤 사건이나 사고가 있었는지 신문을 보는 것도 좋다. 사회가 어떻게 돌아가는지에 관심을 가져서 나쁠 것은 없기 때문이다. 또 오늘 하루를 어떻게 보낼 것인지 머릿속으로든 노트에든 정리해보는 것은 더욱 좋다. 그것이 알찬 하루를 보낼 수 있게 하는 데 도움을 줄 것이다.

"남들이 생각지도 않는 시간을 활용하면 성공에 한 걸음 더 다가설 수 있습니다. 남들 다 열심히 하는 시간에 자기도 열심히 한다고 해서 얼마나 차이가 나겠습니까?"

먼 훗날 출근 시간을 활용하는 것에 달인이 된 당신은 이렇게 말하고 있을지 모른다. 이제 막 출근 시간 활용법에 대해 알게 된 당신, 당신은 오로지 당신만의 것인 그 시간에 무엇을 할 것인가?

 이기는습관

● 출근 시간을 잠을 보충하는 시간으로 이용하는 대신 무언가를 이루기 위한 발판을 마련하는 시간으로 이용해보자.

● 출근하는 동안의 잠깐인 시간이라고 해서 우습게 보면 안 된다.

● 남들이 생각지도 않는 시간을 활용해라.

정시보다 30분 일찍 출근하라

오직 준비된 자만이 중요한 것을 관찰하는 기회를 잡을 수 있다.

루이 파스퇴르

앞에서도 이야기했지만 허둥지둥하는 것에는 어떠한 이로움도 없다. 대개 직장인들은 아침 9시까지 출근해야 한다. 그런데 매번 8시 55분에 전철이나 버스에서 내려 죽어라 달리는 이들이 수두룩하다. 간신히 9시에 맞춰 책상에 앉았다고 해도 가쁜 숨을 몰아쉬기 바쁘고 한동안은 정신을 차릴 수가 없다. 그렇게 시작한 하루 일과를 완벽하게 끝마칠 수 있는 사람은 그리 많지 않을 것이다.

당신 역시 위와 같은 사람에 해당한다면 한번 바꿔보자. 9시까지 출근이라면 조금 일찍 나와 여유롭게 8시 30분에 도착할 수 있도록

·

한다. 그리고 오늘 하루 동안에는 어떤 업무를 처리해야 하는지 체크한다. 그때그때 생각나는 대로 일을 처리하다 보면 분명 하나씩 놓치는 것이 생기게 마련이다. 하지만 적어놓고 지워가면서 일을 하면 놓치는 법이 없다. 생각도 정리되어 결과물이 훨씬 좋을 수도 있다.

그렇게 일을 확실하게 처리하는 날이 늘어가다 보면 분명 실력이 쌓일 것이고 상사의 눈에도 띄게 될 것이다. 젊은 나이임에도 불구하고 선배보다 먼저 승진하거나 성공한 사람들을 보면 대개 이런 식으로 일을 처리했음을 알 수 있다.

예를 들어보자. 능력이 비슷한 두 사람이 같은 회사에 같은 날 입사하게 되었다. 두 사람에게 있는 차이라고는 습관밖에 없었다.

한 명은 항상 업무가 시작되는 9시에 딱 맞춰 오는 습관에 길들었다. 그러다 보니 한숨 돌리기도 전에 정신없이 일을 시작하기 바쁘다. 오늘 반드시 처리해야 할 일이 무엇인지도 가물가물하다. 그냥 눈에 보이는 대로, 닥치는 대로 일을 처리하고는 한다. 그런데 어쩌다가 한 번씩 꼭 빼먹는 일이 생긴다. 상사의 기분은 점점 더 언짢아진다.

반면 다른 한 명은 어떤 약속에 나가든 회사에 출근하든 꼭 30분 먼저 도착하는 습관에 길들었다. 그는 항상 회사에 1, 2등으로 여유 있게 도착해 먼저 주변을 정리한다. 업무를 처리할 수 있을 만큼 깔끔히 책상이 정리되었으면 오늘 반드시 해야 할 일이 무엇인지 차근

차근 꼼꼼히 체크한다. 항상 마감일을 딱딱 지키는 그의 모습이 상사의 눈에 들었다.

2년 후 누가 승진을 할 수 있었을까? 다시 한 번 말하지만 둘의 실력에는 큰 차이가 없었다. 아니, 오히려 전자가 실력 면에서는 좀 더 월등하다고 할 수 있었다. 하지만 승자는 역시 예상한 대로 후자였다. 사소한 습관의 차이가 얼마나 큰 결과를 불러오는지 말하지 않아도 알 수 있을 것이다.

 이기는 습관

● 허둥지둥에는 어떠한 이로움도 없다.

● 9시까지 출근이라면 조금 일찍 나와 여유롭게 8시 30분에 도착할 수 있도록 한다.

● 오늘 하루 동안에는 어떤 업무를 처리해야 하는지 체크하고 지워가면서 일을 하면 놓치는 법이 없다.

10

퇴근 후의 시간을 계획하라

일과 오락은 서로 다른 상황하에 있는 동일한 것이다.

마크 트웨인

드디어 하루 업무가 끝났다. 퇴근할 시간이다. 아무리 몸이 찌뿌둥하고 눈꺼풀이 무거워도 이대로 집에 가기는 아쉽다. 일만 하다가 끝난 나의 하루가 너무나도 허무하게 느껴진다. 그래서 많은 현대인들은 퇴근한 후 스트레스 해소의 시간을 가진다. 회식을 포함한 각종 술자리, 연인이나 친구와의 간단 한 저녁, 자기관리를 위한 각종 공부학원이나 운동학원 등 지친 몸을 달래줄 것들은 무궁무진하다.

상사에게 깨지기라도 하면 술 한잔의 생각은 더욱 간절해진다. 입안이 꺼끌꺼끌하고 칼칼하다. 사람에 따라 다르겠지만 술만큼 스트레스를 날려주는 것도 없다. 하루에 두 개씩도 생기는 술 약속이 하필 그날따라 없다면 휴대폰의 온 전화번호를 뒤져 나오라고 할 만한 사람을 찾는다. 술을 즐기지 않는 경우에는 좋아하는 사람과의 맛있는 저녁이 그 자리를 대신해준다. 좀 더 생산적인 일로 스트레스를 푸는 사람도 적지 않다. 실력을 쌓기 위해 영어, 컴퓨터 등을 배우는 사람, 취미로 악기를 배우는 사람, 건강을 위해 운동을 배우는 사람 등이 그들이다.

어떤 형태가 되었든 퇴근 후 자신만의 시간을 갖는 것은 의미가 있다. 스트레스가 해소되기도 하고 자신이 발전할 수 있는 계기가 되기도 한다. 그런데 퇴근 후 바로 집에 돌아가 아무것도 하지 않거나 단순히 침대 혹은 소파에 누워 텔레비전을 보는 사람도 많다. 이는 좋지 못한 행동이다. 귀중한 시간을 그냥 날려버리는 격이 된다. 아무것도 하지 않을 바엔 차라리 신나게 노는 것이 낫다. 혹시 이 글을 읽고 있는 이 순간에도 그러고 있다면 당장 몸을 일으켜라. 그리고 동네 한 바퀴를 돌든 친구를 불러 수다를 떨던 무엇이든 해야 한다.

하지만 과유불급이라는 말도 잊어서는 안 된다. 밤늦도록 잠에 들지 못하는 현대인들은 너무나도 많다. 번화가에 가보면 새벽 2시에 술에 취해서 택시를 잡는 사람을 쉽게 볼 수 있다. 늦게까지 야근을 하다가 시간 가는 줄 모르고 밤 12시에 집에 가는 사람, 공부하는 사람, 운동하는 사람 등은 상쾌한 아침을 맞기 힘들다. 이제까지 이야기한 시간 활용법들도 실천할 수 없음은 물론이다. 다음 날 오전 내내 머리가 지끈거리고 온몸이 쑤셔서 도저히 일에 집중할 수 없다. 결국 오전에 해야 할 일을 오후까지 미루게 되고 한꺼번에 처리하느라 몸은 더욱 피로해진다. 악순환의 반복이다.

따라서 퇴근 후의 시간을 즐기되, 무리하지 말자. 적어도 밤 10시까지는 귀기히는 것이 좋다. 스트레스를 해소하면서도 다음 날 생활에 무리를 받지 않는 일석이조의 효과를 누리길 바란다.

 이기는습관

● 어떤 형태가 되었든 퇴근 후 자신만의 시간을 갖는 것은 의미가 있다.

● 아무것도 하지 않을 바엔 차라리 신나게 노는 것이 낫다.

● 퇴근 후의 시간을 즐기긴 즐기되, 무리하지 말자.

저녁 산책으로 스트레스를 해소하라

나는 걸을 때 명상을 할 수 있다.

걸음이 멈추면 생각도 멈춘다.

장 자크 루소

현대인의 고질병이 있다고 한다. 허리 디스크, 목 디스크 등 각종 디스크가 그것이다. 예전에 디스크는 나이를 먹어 뼈가 약해질 수밖에 없는 노년층에게서만 보였지만 지금은 그렇지 않다. 20~30대의 젊은이들 사이에서도 유행하고 있는 것이다. 심지어 학생들 중에서도 디스크에 걸리는 이들이 있을 정도다. 왜 그런 것일까?

예전에는 대부분의 사람들이 농사를 지으며 생계를 유지했기 때문에 몇 시간 동안 앉아 있던 경우가 거의 없었다. 하지만 지금은 대부분의 사람들이 하루에 몇 시간씩 책상 앞에 앉아 일을 한다. 꼭 일하는 사람에게만 해당되는 것은 아니다. 어린 학생들이 공부를 할 때도 몇 시간씩 앉아 있게 마련이기 때문이다. 대입 시험을 준비하는 고등학생들의 경우 그 정도는 더욱 심하다. 나이가 어린데도 불구하고 디스크에 걸리니 더욱 심각하다 아니할 수 없다. 앞으로 상황이 더 나빠졌으면 나빠졌지 좋아질리 없다. 엄청난 업무와 공부에 시달리는 젊은이들이 갈수록 늘어나기 때문이다. 60억 인구 모두가 지팡이를 짚고 허리를 굽힌 채 사는 것을 보고 싶지 않다면 하루빨리 대책을 세워야 한다.

우선 나부터다. 자신은 디스크 따위에 걸리지 않을 거라 장담하고 대비하지 않았다가는 큰코다친다. 위에서도 이야기했지만 디스크는 이제 더 이상 노년들만의 몫이 아니다. 하루 종일 책상 앞에 앉아 있다가 잠깐잠깐만 일어나곤 하는 당신에게도 얼마든지 생길 수 있는 병이다.

당신은 하루에 얼마만큼의 운동을 하는가? 시간을 정해놓고 하루에 한두 시간씩 꾸준히 운동을 하는 사람도 있겠지만 대부분의 사람들은 그렇지 못할 것이다. 숨쉬기운동이 자신이 하는 운동의 전부라고 우스갯소리로 말하는 사람도 있다. 하지만 이는 전혀 웃을 만한 일이 아니다. 당신의 뼈들은 당신도 모르게 점점 움츠러들고 있을지 모른다.

.

현대인의 운동량은 턱없이 부족하다. 직장인들은 업무 때문에, 학생들은 공부 때문에 말이다. 하지만 그것은 핑계에 불과하다. 마음만 먹으면 얼마든지 시간을 낼 수 있다. 아니, 내야 한다. 운동이라고 해서 지나치게 부담을 가질 필요도 없다. 모든 사람을 트레이너로 만들고 싶은 생각은 없기 때문이다.

사는 동안 해본 운동이라고는 숨쉬기운동밖에 없다면 이 제부터라도 하루에 한 시간씩 산책할 것을 권한다. 그냥 걷기라고 해서 우습게 봤다가는 큰코다칠 수도 있다. 걷기의 효과가 이미 과학적으로 여러 번 증명되기도 했고, 그에 따라 많은 사람들이 걷기를 통해 건강을 관리하고 있기 때문이다. 가벼운 산책으로 예방할 수 있는 병에는 어떠한 것들이 있을까? 먼저 뇌졸중의 발생 확률을 감소시킨다. 뇌졸중은 뇌에 혈액 공급이 제대로 되지 않아 손발의 마비, 언어 장애, 호흡 곤란 따위를 일으키는 증상이다. 한 시간 정도 걸으면 발이 충분히 자극되기 때문에 혈액순환이 원활하게 되도록 도움을 준다.

또 혈압과 콜레스테롤 수치를 감소시켜 심장마비, 당뇨병에 걸릴 확률도 줄여준다. 무릎 주변의 근육을 강화시켜 관절염과 골다공증에 걸릴 위험성도 감소시킨다. 앞에서도 이야기했듯 각종 디스크를 예방하는 효과도 있다.

다른 운동에 비해 몸에 무리 없이 다이어트를 할 수 있게 도와주기도 한다.

무엇보다도 저녁의 상쾌한 바람을 맞으며 몸을 가볍게 움직이다 보면 낮에 쌓였던 스트레스가 확 풀릴 수 있다. 책상 앞에 가만히 앉아 업무나 공부 때문에 스트레스를 받고 경직되고 긴장했던 몸을 풀어주어야 한다. 시원한 바람이 굳어 있던 몸을 사르르 녹여줄 때의 행복함은 이루 말로 할 수 없다. 이때 몸을 과하게 움직이는 운동은 오히려 해가 된다. 근육이 뭉칠 수 있기 때문이다.

또한 앞에서도 이야기했지만 산책은 하루에 한 시간 정도가 적당하다. 몸에 좋다고 무작정 과하게 하면 오히려 역효과가 나기 십상이다. 갑작스런 과한 운동은 근육을 뭉치게 한다. 무리하게 운동한 다음 날 온몸이 쑤시는 경험을 누구나 한 번쯤은 해봤을 것이다. 스트레스를 풀려다가 도리어 근육통으로 더한 스트레스를 받게 될지도 모르는 일을 겪어서야 되겠는가.

지금 당장 집 앞에 나가 보자. 당신보다 먼저 산책의 힘을 알고 이미 오래전부터 걷기 시작한 이들이 많을 것이다. 혼자 음악을 들으며 산책하는 이가 있는가 하면 부부끼리 혹은 친구끼리 모여 수다를 떨며 산책을 하는 이도 있다. 그런 것쯤은 아무런 상관이 없다. 혼자든 여럿이든 산책은 나의 몸과 마음을 풀어줄 것임에 틀림없다.

이기는 습관

● 운동이라고 해서 지나치게 부담을 가질 필요는 없다.

● 그냥 걷기라고 해서 우습게 봤다가는 큰코다칠 수도 있다.

● 저녁의 상쾌한 바람을 맞으며 몸을 가볍게 움직이다 보면 낮에 쌓였던 스트레 스가 확 풀릴 수 있다.

.

퇴근 후, 하루를 점검하고 정리하라

반성하지 않는 삶은 아무런 가치가 없다.

소크라테스

출근 시간을 활용하는 방법에 대해서는 앞에서 이미 설명했다. 그렇다면 퇴근 시간을 활용하는 방법도 있지 않겠는가? 사실 퇴근 시간에는 그리 많은 것을 이루려고 하지 않아도 된다. 이미 하루 업무를 처리하느라 지쳐 있는데 거기에 또 다른 무언가를 하려고 하는 것은 자신에게 너무나도 가혹한 일이 될 것이다. 잠시 눈을 붙여 에너지를 충전하는 것도 좋고 휴대폰을 만지작거리며 스트레스를 해소해도 좋다. 창밖 풍경을 바라보며 감상에 빠지는 것도 나쁘지 않다. 꽉 찬 머릿속에 억지로 무언가를 더 집어넣으려 하는 것보다 버릴 것은 버리고 정리할 것은 정리해 내일을 위한 최적의 상태로 준비해놓는 것이 훨씬 효과적이라는 뜻이다.

다만 5분에서 10분 동안 오늘 하루를 점검해보는 것은 필요하다. 이 일은 사무실을 막 나섬과 동시에 진행하는 것이 제일 좋다. 늦어지면 늦어질수록 오늘 하루 동안 겪었던 일이 희미해지기 때문이다. 업무를 잘 처리해 칭찬받은 것을 곱씹는 일은 내일 일도 기쁜 마음으로 해나갈 수 있는 영양제가 된다. 또한 사무실에서 무언가 큰일이 있었다면 이때 마음을 가라앉히고 다시 생각해보아야 한다. 아까는 흥분해서 느끼지 못했던 것들을 새삼 발견하게 될지도 모른다. 끙끙거리며 잡고 있었던 문제를 단박에 해결할 수도 있고 동료와의 갈등을 풀 실마리를 찾을 수도 있다.

피곤하다거나 더 이상 생각하고 싶지 않다는 이유로 위와 같은 일을 미룬다면 회사에서 좋지 않았던 기분이 잠들기 전까지 이어진다. 심하면 내일, 그 이상까지 이어질지도 모른다. 당신을 계속해서 괴롭힐 것이다. 한시라도 빨리 한 발짝 뒤로 물러나 객관적이고 냉정하게 바라볼 때 문제의 본질이 드러난다는 것을 명심해야 한다.

예습보다 복습의 효과가 더욱 뛰어나다는 사실은 이미 과학적으로도 증명된 바가 있다. 공부하는 학생 때야 당연히 복습이 필요하지만 직장 생활을 할 때도 필요할까 하는 의구심을 가지는 사람도 분명 있을 것이다. 단언하건대 복습은 인생 전반에 걸쳐 필요한 것이다. 당

·

신은 직장에 다닌다고 해서 공부할 것이 없다고 생각하는가? 그렇게 생각하면 큰 오산이다. 당연히 공부가 필요한 회사임에도 불구하고 당신 혼자 그 사실을 자각하지 못하는 것일 수도 있다. 잘리게 되는 불상사가 생기기 전에 하루라도 빨리 복습의 중요성을 일깨우고 실천해야 할 것이다.

독일의 심리학자 에빙히우스는 망각 곡선이라는 것을 통해 빨리 복습할수록 기억력에 큰 효과를 미친다고 했다. 따라서 하루에 한 번씩 자기 전 오늘을 점검하는 일을 건너뛰어서는 안 된다. 오늘 건너뛰면 내일 오늘 것까지 기억하기 위해 더 큰 힘을 들여야 할지도 모른다. 그 효과는 줄어듦에도 불구하고 말이다.

 이기는습관

● 퇴근 시간에는 그리 많은 것을 이루려고 하지 않아도 된다.

● 예습보다 복습의 효과가 더욱 뛰어나다.

● 하루에 한 번씩 자기 전 오늘을 점검하는 일을 건너뛰어서는 안 된다.

잠들기 전, 내일을 계획하라

내일은 미래가 더 나아질 것이다.

댄 퀘일

어렸을 때부터 자기 전에 꼭 해야 한다고 배운 일이 있을 것이다. 그것은 양치질이다. 그런데 나는 여기에 하나를 더하고 싶다. 내 일을 계획하는 것이 그것이다.

침대에 눕기 전 잠깐 책상에 앉는다. 그리고 항상 지니고 다니는 수첩을 꺼낸다. 거기에 내일은 어떤 일을 해야 하는지, 내일까지 끝내야 할 일이 있는지, 약속은 어떤 것이 있는지를 생각해서 적는다. 그 밑에 내일 하루를 얼마만큼 활기차게 보낼 것인지 그 다짐을 일기 형식으로 가볍게 적는 것도 좋다.

.

하지만 대부분의 사람들이 귀찮다는 이유로 이러한 과정을 생략하고는 한다. 그리 많은 시간을 필요로 하지 않는데도 말이다. 5분에서 10분 정도면 충분하다. 또 잠깐 끄적거린다고 해서 얼마나 차이가 나겠냐고 의구심을 품는 사람도 있다. 계획을 세워 일을 하는 것과 그렇지 않고 무작정 일을 시작하는 것에는 엄청난 차이가 있다는 것을 알아야 한다.

계획을 세울 때 주의해야 할 몇 가지가 있다. 먼저 계획의 성공 가능성을 따져보는 것이 좋다.

"이 계획은 나에게 안성맞춤이야. 성공 가능성은 거뜬히 100%가 되겠군. 그렇다면 아주 가볍고 기쁜 마음으로 계획된 일을 진행시켜야지."

"이 계획은 내가 자신 없어 하는 부분이야. 성공 가능성은 45% 정도밖에 되지 않겠는걸. 좀 더 치밀하게 계획하고 노력할 필요가 있겠어. 그렇게 이 계획이 80%만 성공해도 그것은 100% 성공한 것과 다름없는 것이 되겠군."

이처럼 성공 가능성을 따져보는 일은 객관적인 시선을 확보할 수 있게 한다. 그렇지 않으면 계획한 일을 실행하기에 앞서 의욕만 높이 솟아오른다. 들뜬 마음도 어느 정도 준비가 되었을 때야 시너지 효과를 일으킬 수 있다. 아무런 준비도 되지 않았는데 의욕만 앞서 성공 가능성이 60%에 불과 한 일을 100% 달성할 수 있을 것이라고 자신에

.

게 용기를 주어봤자 소용없는 일이다. 막 옹알이를 시작한 아기에게 웅변을 강요한 꼴과 다르지 않다. 또한 자신이 예측한 대로 계획을 성공적으로 실행하면 그에 따른 기쁨이 배가 된다.

또 계획을 성공시키는 데 방해가 되는 요소들을 파악한 뒤 과감하게 제거해야 한다. 계획을 세울 때 아직 만날지 안만 날지도 확실하지 않은, 게다가 만났다 하면 저녁 시간을 거의 다 잡아먹는 모임을 염두에 두어서는 안 된다. 만약 그 모임을 고려해 저녁 시간을 비워두고 계획을 짰다가 모이지 않기라도 하면 나의 저녁 시간은 붕 뜨고 만다. 설사 만난다 하더라도 나에게 그다지 큰 도움이 되지 않을 것이 뻔하다. 계획에 넣지 않았는데 모임에서 갑작스럽게 부른다면 과감하게 거절할 줄도 알아야 한다. 이러한 태도가 당신이 좀 더 분명하게 계획을 짤 수 있도록 도와줄 것이다.

대학의 강사이자 소설가인 한 친구는 강의가 없는 일주일에 이틀, 화요일과 수요일은 누구에게나 약속이 있다는 핑계를 대고 어떤 약속도 만들지 않는다. 그는 그 이틀 동안만큼 은 자기 자신만을 위해 사용한다. 만나야 하는 사람들, 저녁 모임들, 학교 강의, 그 밖의 사회생활에 필요한 계획은 모두 월요일, 목요일, 금요일에 잡는다. 토요일과 일요일인 주말은 가족과 함께 보낸다. 그는 오랫동안 이 수칙을 철저하게 지켰다. 하지만 그는 생활에 불편함을 전혀 느끼지 못했다. 오히려 자신만의 카리스마와 프로페셔널함으로 주위 사람들을 사로

.

잡을 수 있었다.

수십 가지의 모임에서 당신에게 참석을 요청하는 전화를 걸어온다. 하지만 그러한 모임에 모두 다 참석했다가는 당신의 저녁 시간은 엉망이 되고 말 것이다. 당신의 사회적인 성공이 진행되면 될수록 당신에게 손을 뻗는 모임이 많아진다. 그것은 당연한 일이다. 혹여 이름 있는 모임에서 당신에게 전 화를 걸어왔다고 해서 고마워할 필요도 없다. 자신만의 냉철한 판단으로 계획을 세우고 나가야 할 모임과 나갈 필요가 없는 모임을 구분할 줄 알아야 한다.

자기 전에 한 번, 출근 시간에 한 번, 회사에 미리 도착해 업무가 시작되기 전에 한 번, 이렇게 할 일을 세 번 생각하다 보면 일이 틀어질 확률이 줄어들 수밖에 없다.

앞에서 이미 복습의 효과에 대해 이야기한 적이 있지만 여기서는 예습의 효과에 대해 이야기하려 한다. 예습 역시 복습 못지않은 큰 힘을 지니고 있다. 생판 처음 보는 일을 무작정 하는 것과 이미 준비를 충분히 한 일을 하는 것에는 시작부터 차이가 있다. 전자의 경우 어떤 것부터 시작해야 할지 몰라 갈팡질팡하게 되고 이렇게도 해보고 저렇게도 해보는 등 몇 번의 시행착오를 겪은 후에 간신히 시작할 수 있게 된다. 반면 후자의 경우 이미 어떻게 시작해야 하는 것이 좋을지 충분히 생각했기 때문에 계획한 대로 진행만 하면 된다. 좀 더 철저한 사람의 경우 시뮬레이션도 해본다. 그러면 시행착오를 겪지 않아도 된다.

어떤 것의 결과가 좋을지도 뻔히 예상할 수 있다. 아무리 전자의 경우 실력이 좋다고 해도 하나하나 미리 철저히 준비 한 사람을 이기기는 쉽지 않을 것이다. 일단 속도에서부터 차이가 날 수밖에 없다. 또한 미리 계획하지 않으면 예상치 못한 돌발 상황에 부딪혔을 때 해결하기도 어렵다. 따라서 잠들기 전 내일을 계획하는 일은 무엇보다도 중요 하다. 일을 좀 더 수월하게 처리할 수 있는 당신만의 비법이 되어줄지도 모른다.

 **이기는습관**

● 자기 전에 꼭 해야 할 일은 내일을 계획하는 것이다.

● 계획을 성공시키는 데 방해가 되는 요소들을 과감하게 제거해야 한다.

침대는 하늘과 땅이 처음 생겨난 태초다.

어머니의 뱃속이다.

순수함의 결정체와 같던

가장 아늑하고 편안한 낙원이다.

그곳에서는 나 역시

가장 순수한 상태가 되어야 한다.

휴식은 내일을 위한 시작이다

일찍 자고 일어나면 건강해질 수도 있고,

부유해질 수도 있으며,

지혜로워질 수도 있다.

벤저민 프랭클린

밤 11시에 밖을 한 번 내다보자. 그리고 불이 완전히 꺼진 집이 몇 이나 되는지 세어본다. 아마 그리 많지 않을 것이다. 심지어 새벽 두 세시가 되어도 불이 꺼지지 않은 집을 심심찮게 볼 수 있다. 현대문 명이 발전하기 이전에는 밖이 완전히 캄캄해지는 8시에 잠드는 사람 들이 많았다. 어두워지면 딱히 할 것이 없었기 때문이다. 하지만 지 금은 다르다. 아무리 해가 물러가고 어둠이 찾아온다 해도 도시는 쉬이 잠들지 않는다. 오히려 인공조명으로 낮보다 훨씬 더 휘황찬란하게 밝아진다. 현대문명을 굴러가게 하고 다른 문명과 비교되게 하는 가장 중요한 요소가 무엇일까. 아마 대량생산이 아닐까 싶다. 그런데 생산량이 많아진 만큼 소비량도 많아질 수밖에 없다.

여기에 어둠은 아무런 문제가 되지 않는다. 오히려 방해요소만 될 뿐이다. 그래서 더욱 어둠을 물리치려 노력한다. 도시의 밤이 낮보다 밝은 이유이자, 우리가 밤늦도록 잠들지 못하는 이유다.

24시 편의점은 전국에 널려 있고 술집도 기본 새벽 5시는 되어야 문을 닫는다. 새벽에 가로등이 훤히 켜져 있는 도로를 달리는 자동차들이 이상하게 생각되지 않는다. 이제는 밤늦게 귀가하는 사람들을 위한 심야버스까지 운행될 정도다.

물론 그만큼 생활은 편리해졌지만 부작용도 만만치 않다. 도시의 빌딩은 하늘을 찌를 만큼 점점 더 높아져만 가는데, 그 속에서 살고 있는 우리들은 점점 작아진다. 기계가 모든 것을 다 해주기 때문에 사람이 설 자리는 점점 없어져 간다. 불편함에서 오는 아날로그적 감성을 느낄 수 없다. 불면증과 함께 우울증이 흔한 질병이 되었다.

바쁘게 돌아가는 현대사회 속에서 우리 역시 바쁘게 움직일 수밖에 없다. 하지만 그만큼 휴식의 시간도 필요하다. 잠잘 시간까지 쪼개 무언가를 한다고 한들 얼마나 큰 효과를 보겠는가. 오히려 좋지 않은 컨디션 때문에 역효과가 날 수도 있다. 일을 할 때는 빠르고 확

실하게 하되, 잠잘 시간에까지 지장을 주지는 말자. 적당한 시간의
잠은 내일을 위한 최적의 몸 상태로 만들어주는 영양제다.

 이기는습관

● 바쁘게 움직일 수밖에 없는 만큼 휴식의 시간도 필요하다.

● 일을 할 때는 빠르고 확실하게 하되, 잠잘 시간에까지 지장을 주지는 말자.

● 적당한 시간의 잠은 내일을 위한 최적의 몸 상태로 만들어주는 영양제다.

수면은 여섯 시간이면 충분하다

작은 변화들이 쌓이고 쌓여서

예기치 못한 큰 변화가 이룩된다.

메리언 라이트 에덜먼

인간에게는 세 가지 대표적인 욕구가 있다고들 한다. 수면욕, 식욕, 성욕이 그것이다. 그중에서도 인간의 수면에 대한 연구는 이미 차고 넘칠 만큼 많이 나와 있다. 여기서는 복잡하고 재미없는 이론은 다 빼버리고 쉽고 간단한 주요 사실들만 설명하려 한다.

수면의 종류에는 크게 렘REM 수면과 논렘non-REM 수면, 이렇게 두 가지가 있다. 꿈을 꾸는 잠은 렘수면, 그 밖의 얕은 잠, 조금 깊은 잠, 깊은 잠 등은 모두 논렘수면에 해당한다. 수면은 얕은 잠, 조금 깊은 잠, 깊은 잠, 렘수면의 주기를 되풀이하는 것이다. 그리고 이 주기는 한 번에 두 시간이 소요된다. 따라서 인간은 두 시간 간격의 수면 주기가 끝나는 지점에서 깨어나야만 모든 피곤이 풀린 듯 몸이 가벼워질 수 있다.

잠에서 깼을 때 꿈이 생생하게 기억나는 경우가 있는가 하면, 가물가물한 경우도 있다. 전자의 경우는 렘수면 상태에서 깨어났을 때 일어난다. 그런데 이때는 보통 다시 잠들고 싶은 욕구를 이기지 못한다. 두 시간 주기의 수면이 완전히 이루어지지 않았기 때문이다. 따라서 수면은 두 시간 주기의 짝수로 이루어지는 것이 좋다. 처리해야 할 일이 산더미처럼 쌓여 밤을 새워야 할 지경에서 잠깐 청하는 두 시간의 잠은 어중간한 세 시간의 잠보다 더 큰 효과를 준다. 이는 바꿔 말하면 무조건 많이 자야 피로를 풀 수 있다는 게 아니라는 뜻이 된다. 두 시간, 네 시간, 여섯 시간 등 두 시간 주기의 잠이면 충분하다. 우리 주변에는 네 시간만 자고도 일상생활을 무리 없이 해나 가는 사람들이 종종 있다. 그들은 그 수면 주기에 익숙해진 것이고, 잠이 부족하다고도 느끼지 못한다.

그럼에도 불구하고 보통 사람들은 최소한 여덟 시간은 자야 피로를 풀 수 있다고 생각한다. 미처 여덟 시간을 자지 못한 날에는 하루 종일 머리가 무겁다. 빨리 모자란 잠을 보충해야 할 것만 같은 생각이 머릿속을 떠나지 않는다. 하지만 이때 느끼는 피로감은 채 여덟 시간을 자지 못했다는, 스스로 만들어낸 강박관념에서 비롯된 것이라 할 수 있다. 정말 피곤해서 느끼는 피곤함이 아니라는 뜻이다.

하루라도 빨리 강박관념에서 벗어나야 한다. 수면시간은 여섯 시간으로도 충분하다. 그리고 마침내 여섯 시간 수면에 익숙해지게 되면 아주 상쾌한 기분으로 무려 두 시간이라는 시간을 벌 수 있다. 시간의 소중함을 아는 사람이라면 공짜로 얻은 듯한 이 시간을 어떻게 해야 알차게 보낼 수 있을지 행복한 고민에 빠질 것이다. 당신 역시 그 행복한 고민에 빠져 보기 바란다.

 이기는습관

● 잠깐 청하는 두 시간의 잠은 어중간한 세 시간의 잠보다 더 큰 효과를 준다.

● 수면시간은 여섯 시간으로도 충분하다. 여섯 시간 수면에 익숙해지게 되면 아주 상쾌한 기분으로 무려 두 시간이라는 시간을 벌 수 있다.

● 시간의 소중함을 아는 사람이라면 공짜로 얻은 듯한 이 시간을 어떻게 해야 알차게 보낼 수 있을지 행복한 고민에 빠질 수 있다.

.

WINNING HABIT
16

불면증을 경계하라

좋은 잠이야말로 자연이 인간에게 부여해주는

살뜰하고 그리운 간호부다.

윌리엄 셰익스피어

잠의 중요성은 앞에서도 이미 여러 번 이야기했다. 이때쯤 되면 분명 '누가 자기 싫어서 안 자나? 잠자야 좋은 것을 누가 몰라? 자고 싶어도 잠이 안 드니까 문제지'라고 속으로 구시렁대는 사람도 있을 것이다. 그런 사람들을 위해 숙면을 할 수 있는 방법을 설명하고자 한다. 사소한 노력으로도 깊은 잠에 들 수 있다는 것을 알아야 한다.

우선 머릿속과 마음을 편안한 상태에 두는 것이 중요하다. 각종 잡념과 걱정들로 머릿속 마음이 복잡하다면 쉽게 잠이 들 리 없기 때문이다. 이미 지난 일이라면 이제 와서 어쩔 수 없으니 떨쳐버리고, 내일 닥칠 일이라면 내일 걱정해도 늦지 않다. 내일 일이 너무 걱정되어 정 안 되겠다면 걱정되는 내용을 수첩에 꼼꼼하게 적는다. 머릿속으로 다시 생각하지 않아도 될 만큼 수첩에 모두 털어놓고 눈을 붙이자. 내일 그 수첩을 다시 보면 별거 아닌 것이 적혀 있을 수도 있고 해결 빙인이 갑자기 탁하고 떠오를 수도 있다.

잠들기 최소 두 시간 전부터는 음식을 먹지 않는 것이 좋다. 모든 신체 장기가 둔해지면서 소화운동도 제대로 되지 않을뿐더러, 제대로 되지도 않는 소화운동이 숙면을 취하는 데 방해를 주기 때문이다. 밤에 라면과 같은 야식을 먹은 다음 날 아침이면 여지없이 얼굴이 붓는 이유도 여기에 있다. 적당히 따뜻한 물로 샤워를 하는 것도 잠을 솔솔 오게 하는 묘약이다. 해본 사람은 다 알 것이다. 막 샤워를 마치고 침대에 몸을 뉘었을 때 얼마나 나른해지는지를 말이다. 그 순간을 하루 중 가장 행복한 때로 여기는 사람도 적지 않다.

지나친 적막함에 잠을 못 이루는 사람도 있다. 그렇다면 음악을 들으며 잠드는 것을 추천한다. 이때 음악은 너무 시끄럽지 않은, 경쾌하기보다는 잔잔한 것이 좋다. 가사가 없는 클래식, 피아노연주곡 등은 더할 나위가 없을 것이다.

저녁에 몸을 많이 움직이는 활동을 하는 것도 좋다. 에너지 소모가 심한 운동을 하고 집에 돌아와 쉬어보자. 그동안의 불면증은 사치였다고 느낄 수 있을 정도로 피곤함이 몰려올 것이다. 운동선수들이 밤 일찍 잠들고 아침 일찍 일어나 새로운 훈련을 시작할 수 있는 이유이기도 하다.

하지만 역시 억지로 잠에 드는 것보다는 자연스럽게 숙면하는 것이 좋다는 사실을 명심해야 한다. 잠들기 위해 항상 무언가를 필요로 한다면 곤혹을 치르게 되는 경우가 적지 않을 것이다. 예를 들어 여행을 갔을 때를 생각해보자. 여행지 숙박업소에서 자신이 잠잘 때 듣는 음악을 들을 수 있을 리 만무하다. 온 열정을 바쳐 하루를 열심히 살면 숙면은 저절로 따라오게 되어 있다. 이렇게 드는 잠이 세상 그 어떤 잠보다 단 꿀잠이 된다는 것은 분명하다.

 이기는 습관

● 머릿속과 마음을 편안한 상태에 두는 것이 중요하다.

● 잠들기 최소 두 시간 전부터는 음식을 먹지 않는 것이 좋다.

● 적당히 따뜻한 물로 샤워를 하는 것도 잠을 솔솔 오게 하는 묘약이다.

● 저녁에 몸을 많이 움직이는 활동을 하는 것도 좋다.

·

잠들기 전에 명상하라

마음의 여유가 있는 사람의 집에는 항상 여유가 있다.

토머스 모어

아침에 하는 명상에 대해서는 이미 말한 바가 있다. 그런데 잠들기 전에 하는 명상도 아침에 하는 명상만큼 효과가 있다. 잠들기 전 하는 명상의 자세는 아침에 하는 것과 다르다. 이른바 시체 자세다.

먼저 바닥에 편한 자세로 눕는다. 이때 눈을 떠도 상관은 없으나 감는 편이 더 좋다. 두 발과 팔은 자신에게 가장 편한 간격으로 내려 놓는다. 단 쭉 뻗은 상태여야 한다. 그리고 자신이 죽었다고 생각하면서 온몸의 긴장을 푼다. 이와 같은 자세가 완성되었다면 천천히 숨을 쉰다. 숨 쉬는 법은 아침에 하는 것과 크게 다르지 않다. 숨을 들이

마 실 수 있을 만큼 최대한 크게 들이마셨다가 천천히 내쉬면 되는 것이다. 이때 모든 신경을 숨쉬기에 집중해야 함은 물론이다. 이 호흡법은 하루 동안 체내에 쌓였던 독소를 빼주는 역할을 한다.

호흡이 거칠게 나온다면 거칠게, 가늘게 나온다면 가늘게 자연스럽게 내쉬는 호흡을 되풀이한다. 반복하다 보면 내쉬는 호흡이 점점 차분해지고 가늘게 된다는 것을 느낄 수 있다. 그때는 휘파람을 불듯이 할 수 있는 만큼 최대한 숨을 가 늘고 길게 내쉰다. 그 상태를 5분 정도 반복하면 된다.

특별히 힘든 것은 없다. 그런데도 당신의 몸은 놀랄 만큼 부드러워져 있을 것이다. 근육과 신경, 온 장기의 긴장이 풀려 잠들기 편안한 상태로 이완된다. 이처럼 잠들기 전에 하는 명상은 하루의 노곤함으로 굳어져 있던 몸을 풀어주는 역할을 한다. 잠들기 위해 침대에 오르는 자신의 모습을 한번 떠올려보라. 가볍고 개운한 몸을 사뿐히 침대에 올려놓는가? 아니면 무거운 몸을 억지로 끌어올리며 "에구구구" 하는 노인의 목소리를 내는가? 후자의 경우라면 당장 몸을 가볍게 만들 필요가 있다는 점을 말하지 않아도 알 것이다.

무리한 운동을 할 수 없는 여건이라면 이러한 명상만으로도 충분히 몸을 풀어주어야 한다. 움직임이 많은 운동만큼은 아닐지 몰라도 명상 역시 적지 않은 효과를 지니고 있다. 과격한 운동을 싫어한다거나 따로 시간을 낼 수 없는 사람에게는 안성맞춤의 방법이 될 수 있

·

다. 잠들기 전 명상의 효과를 이미 알고 있는 사람은 하루도 거르지 않고 그것을 이행한다. 과한 업무로 몸이 피로할 때면 운동을 쉬는 일은 있어도 명상은 쉬는 법이 없다. 당신 역시 하루도 명상을 거르지 않는다면 그것의 놀라운 효과를 머지않아 경험할 수 있을 것이다.

아침에 하는 명상이 새로운 하루를 맞이하게 해주는 자양제라면, 잠들기 전에 하는 명상은 지난 하루를 정리하게 해주는 소화제다.

 이기는 습관

● 잠들기 전에 하는 명상도 아침에 하는 명상만큼 효과가 있다.

● 잠들기 전에 하는 명상은 하루의 노곤함으로 굳어져 있던 몸을 풀어주는 역할을 한다.

● 잠들기 전에 하는 명상은 지난 하루를 정리하게 해주는 소화제다.

WINNING HABIT

18

취침은 홀가분한 상태로 시작하라

수면은 피로한 마음의 최상의 약이다.

미겔 데 세르반테스

잠이 잘 오는 상태는 따로 있다는 것을 알고 있는가? 그냥 지나치기 쉬운 다음과 같은 것들을 신경 쓴다면 좀 더 다디단 잠을 잘 수 있다.

잠자리는 나의 안식처다. 따라서 가장 편안한 상태로 들어가야 한다. 미처 끝내지 못한 일거리를 침대로 끌고 가는 것은 결코 좋은 습관이 될 수 없다. 그렇다면 가장 편안한 상태는 어떤 상태일까? 태초에 사람은 벌거벗은 채 생겨났다. 아기가 엄마 뱃속에서 나올 때도 벌거벗은 상태다. 따라서 벌거벗은 상태가 가장 편안하다고 할 수 있다. 옷은 어쩔 수 없이 입어야 하는 문명의 발명품이다. 문명은 발전하면 발전할수록 늘어가는 피곤함을 상징하기도 한다. 여기에는 하루 업무도 포함된다.

침대는 하늘과 땅이 처음 생겨난 태초다. 어머니의 뱃속이다. 순수함의 결정체와 같던 가장 아늑하고 편안한 낙원이다. 그곳에서는 나 역시 가장 순수한 상태가 되어야 한다. 인간은 옷을 입게 되면서 오히려 순수함을 잃어버렸다. 옷을 벗어 던지면서 바깥일, 타인의 시선에 대한 의식, 모든 근심을 함께 벗어던져라. 그리고 나서 가장 편안한 태아 자세로 잠들자. 똑같은 시간을 자더라도 모든 것을 내려놓고 잠드는 것과 그렇지 않은 것에 큰 차이가 있다는 사실을 느껴보기 바란다.

그런데 피곤하다는 이유로, 좀 더 빨리 잠자리에 드는 것이 낫겠다는 잘못된 판단으로 티셔츠에 청바지, 심지어 양말까지 신고 자는 이들이 적지 않다. 그리고 아침에 일어나 풀리지 않은 피로에 불평을 하고는 한다. 자신이 지난밤 피곤하기는 엄청 피곤했나 보다, 하면서 말이다.

하지만 이들은 자신이 오해하고 있다는 것을 알아야 한다. 이들의 피로가 풀리지 않은 건 지난밤 지나치게 피곤했기 때문만은 아니다. 물론 그것이 상당한 비율을 차지하기는 하겠지만 다른 이유도 분명 존재할 것이다. 앞에서도 말했듯이 나는 그 이유를 편하지 않은 잠옷

차림이라 말하고 싶다. 만약 당신 역시 피곤하다는 이유로 청바지에 양말까지 신고 잔다면 한번 차림을 바꿔보아라. 조금은 피로가 더 풀릴 수 있을 것이다.

사람마다 잠을 자는 자세는 제각각 다르다. 보다 다양한 자세가 있겠지만 대표적으로 태아형, 통나무형, 갈망형, 군인형, 자유낙하형, 불가사리형 등이 있다. 잠자는 모양에 따라 이름을 붙인 것이다. 또 이 자세에 따라 사람의 성격도 다르다고 하니 재미있는 사실이 아닐 수 없다. 이 중에서 어떤 자세가 가장 편한지는 자신이 가장 잘 알 것이다. 적게는 몇 년, 길게는 몇십 년 동안 자온 잠이니 알아서 판단해 가장 편한 자세를 취하면 되겠다.

 이기는습관

● 벌거벗은 상태가 가장 편안하다.
● 미처 끝내지 못한 일거리를 침대로 끌고 가는 것은 결코 좋은 습관이 아니다.

자신만의 수면 습관을 준비하라

잠은 일어나기 위함이요, 휴식은 일하기 위함이다.

토쿠토미 소호오

사람마다 잠드는 시간은 모두 제각각이다. 어둠이 몰려오는 밤 8시만 되어도 눈이 감기는 사람이 있는가 하면, 새벽 1시가 되어도 초롱초롱한 눈을 빛내고 있는 사람도 있다.

보통 일을 하는 직장인들은 8시만 되어도 피곤함을 느끼지만 아직 젊은 대학생들은 늦게까지 자지 않고 술을 마시기도 한다. 또 남학생의 경우 새벽까지 게임을 즐길 수도 있다. 직업의 특성상 낮에 잠을 자고 밤에 일을 해야 하는 직장인들도 적지 않다.

하지만 잠들기 적당한 시간은 정해져 있다. 앞에서 이야기했듯 수면시간은 습관이다. 여섯 시간만 자는 습관을 들이면 수면시간은 그것으로도 충분하다. 따라서 잠들기 적당한 시간은 밤 11시다. 11시에 잠들어 여섯 시간 동안 잔다면 아침에 일어나는 시간이 딱 5시가 되기 때문이다.

나는 한 의사에게 이 점에 대해 물어본 적이 있다. 그는 지난 25년간 수많은 환자를 치료한, 수면에 있어서는 최고라 손꼽힐 만한 의사다. 그리 친절한 편은 아니었던 그 의사는 나의 질문에 역시 다소 딱딱한 톤으로 대답했다.

"대부분의 사람은 지나치게 많이 자는 바람에 바보가 되어 버렸습니다."

그 의사는 전문적인 의학 공부를 충실히 했을 뿐만 아니라 오랜 세월 동안 수많은 환자를 진료한 임상 경험을 갖고 있었다. 하지만 그는 환자에게 이론적인 이야기를 하는 것을 피했다. 사람의 병이나 생명은 그것이 신이건 운명이건 자연이건 간에 첨단의학도 어찌하지 못하는 무엇인가에 의해 결정된다는 생각을 갖고 있었던 것이다. 아무리 의학을 전문적으로 공부한 자신이라도 어찌지 못하는 부분이 반드시 있다는 것이다. 그는 여전히 딱딱한 톤을 유지한 채 덧붙였다.

"열 명 중 아홉 명은 침대에서 보내는 시간을 줄이면 더욱 건강해질 수 있을 것입니다. 자연의 생활에 충실해야 합니다."

물론 처음에는 잠이 턱없이 부족하게 느껴질지 모른다. 출근을 하는 동안에도, 휴식시간에도, 심지어 업무를 처리하는 시간에도 꾸벅 꾸벅 졸고 있을 당신의 모습이 충분히 그려진다. 하지만 그렇다고 당장 그만두어서는 안 된다. 사람의 습관은 무서운 것이기 때문에 한 달만 반복하면 그다음부터는 크게 노력하지 않아도 내 것이 될 수 있다. 게다가 앞에서 이야기한 숙면을 위한 만반의 준비를 하면 여섯 시간 자면서 열 시간 자는 효과를 누리게 될 것이다.

 이기는습관

● 여섯 시간만 자는 습관을 들이면 수면시간은 그것으로도 충분하다.

● 잠들기 적당한 시간은 밤 11시다.

● 침대에서 보내는 시간을 줄이면 더욱 건강해질 수 있다.

● 숙면을 위한 만반의 준비를 하면 여섯 시간 자면서 열 시간 자는 효과를 누리게 된다.

점심에 10분, 낮잠을 활용하라

내 활력의 근원은 낮잠이다.

낮잠을 자지 않는 사람은 뭔가 부자연스러운 삶을 사는 것이다.

윈스턴 처칠

점심시간이 되었다. 학교에서 공부를 하든 회사에서 일을 하든 누구나 기다리는 시간이다. 점심시간을 생각하며 오전을 버티는 사람도 많다. 그렇게 기다리고 기다리던 점심시간이 되어 오늘은 무엇을 먹을까, 하는 행복한 고민에 빠진다. 맛있는 점심을 먹을 때까지는 좋다. 따뜻한 햇살을 받으며 후 식으로 커피 한 잔을 마실 때도 행복하다.

그런데 점심시간은 짧다. 일할 때는 시곗바늘이 그렇게도 기어가

더니 점심시간은 야속할 정도로 후딱 지나가 버린다. 이제는 다시 책상 앞에 앉아야 할 때다.

보통 점심시간은 12시부터 1시까지다. 1시부터 내키지 않는 마음을 뒤로하고 책상 의자에 앉는다. 산만한 마음을 다잡고 보니 어영부영 2시가 된다. 이제 좀 제대로 일을 해볼까, 하는데 이게 웬일인가. 졸음이 쏟아지기 시작한다. 점심때 먹었던 밥이 막 소화되고 하루 중 기온이 가장 높다는 2시, 그야말로 마의 시간이다. 배부르고 등 따시니 눈은 주체할 수 없을 만큼 제멋대로 감긴다. 잠이 확 깰 만한 일이 벌어지지 않는 이상 그 멍한 상태는 오후 내내, 퇴근하기 전까지 이어지기도 한다. 제대로 일을 할 수 없음도 물론이다. 오후 업무시간을 모두 날려버리는 꼴이 되는 것이다.

졸음으로 오후의 다섯 시간을 낭비하지 않는 방법은 그리 거창하지 않다. 딱 10분만 투자하면 되는 것이다. 졸음이 밀려오는 2~3시가 되면 자리에서 과감하게 일어나라. 그리고 휴게실에서 10분 동안의 낮잠을 청해라. 더 자 버리면 어쩌나 하는 쓸데없는 걱정은 할 필요가 없다. 휴대폰에 알람 기능을 설정해 그것을 손에 쥐고 자면 되기 때문이다. 어쩌면 그 시간대에 많은 동료들을 휴게실에서 만날지도 모른다. 회사에서 유능하기로 소문난 동료 역시 거기서 낮잠을 청하고 있을 수도 있다. 당신은 여태껏 그가 잠깐 화장실에 다녀온 줄로만 알았을 것이다. 그리고 퇴근할 때까지 또랑또랑한 눈으로 업무를

.

처리하는 그를 대단하게 생각했을 것이다. 이제는 흐린 동태 같은 눈으로 오후 시간을 보내면서도 저 인간은 졸리지도 않나 하는 생각을 했던 자신이 한심해진다. 고작 10분의 낮잠이 그의 유능함에 보탬이 되어준 것을 깨닫는다.

업무 태만으로 비쳐질까 걱정할 필요도 없다. 다섯 시간 중 10분 자리를 비운다고 뭐라 할 상사는 그리 많지 않다. 오히려 다섯 시간 동안 멍한 상태를 걱정해야 한다. 그런 상태가 반복되다 보면 상사가 먼저 10분만 눈을 붙이고 오라고 제안할지도 모른다.

혹시나 하는 노파심에서 하는 말이지만 10분 자리를 비우는 것만으로도 눈치를 주고 오후 다섯 시간을 온전히 일하는 것으로만 보내기 원하는 회사가 있다면 당장 과감하게 때려치우기를 권한다. 앞에서도 이야기했지만 인간의 뇌에는 한계라는 것이 있다. 다섯 시간 동안 일만 한다고 해서 능률이 오르는 것은 절대 아니다. 오히려 10분을 제외한 4시간 50분 동안 일할 때 능률이 배로 오를 수 있음을 알아야 한다.

낮잠의 효과는 과학적으로도 증명된 바가 있다. 카페인에 민감한 사람은 커피 한 잔에 잠이 오지 않기도 한다. 그런데 이 10분의 낮잠이 커피 한 잔과 같은 각성 효과를 일으킨다는 연구 결과가 나왔다. 또 10분의 낮잠이 한 시간의 밤잠과 맞먹는다는 연구 결과도 있다. 잠깐의 잠이라고 무시할 수 없는 이유가 여기에 있다.

·

역사적 위인도 낮잠을 즐겼다는 이야기가 많이 있다. 천재 과학자로 손꼽히는 아이작 뉴턴은 사과나무 아래에서 낮잠을 자다가 사과가 떨어지는 것을 보고 그 유명한 만유인력의 법칙을 발견했다. 또 영국의 유명한 총리 윈스턴 처칠 역시 낮잠을 즐긴 것으로 유명하다. 제2차 세계대전 당시 독일이 런던을 폭격할 때도 방공호에서 낮잠을 잤다고 하니 더 말해 무엇을 하겠는가. 프랑스의 군인 나폴레옹은 낮잠을 자며 전투 계획을 세웠다고 한다. 미국의 42대 대통령인 클린턴의 재임 당시 오후 일정은 베일에 싸여 있었는데 알고 보니 과중한 업무를 피해 낮잠을 즐긴 것이었다고 한다.

시시각각 변화하는 세상을 살아가는 현대인은 효율성을 최우선의 가치로 여긴다. 적은 노력을 들여 최대의 효과를 얻는 것이 바로 효율성이다. 낮잠만큼 효율성이 좋은 것도 없다. 10분의 잠이 다섯 시간의 오후를 커버해주니 얼마나 대단 한가.

직원들의 낮잠을 권유하고 지지하는 구글과 나이키 등의 기업이 잘 나가는 이유가 여기에 있다고 말해도 과언이 아닐 듯싶다.

이기는 습관

● 졸음이 밀려오는 2~3시가 되면 자리에서 과감하게 일어나라.

● 10분의 낮잠이 한 시간의 밤잠과 맞먹는다.

● 역사적 위인도 낮잠을 즐겼다.

● 10분의 낮잠이 다섯 시간의 창의적인 오후를 책임져준다.

당신에게는

하루 24시간이 언제나 무상으로 주어진다.

하지만 하루 24시간이라는 시간 동안

해야 할 일을 다 하지 못했다는 이유로,

시간이 부족하다는 이유로

어딘가에서 나머지 시간을 구해올 수 있을까?

내가 가진 시간을 지배하라

시간은 인간이 쓸 수 있는 가장 값진 것이다.

테오프라스토스

돈을 하찮게 여기는 사람은 그리 많지 않을 것이다. 대부분의 사람들이 많은 돈을 벌기를 원하고, 돈을 관리하는 법을 배우려 한다. 재무설계사라는 직업까지 생겼을 정도다. 텔레비전이나 책에는 부자가 될 수 있는 방법에 대한 정보가 가득하다.

돈으로 대표되는 개인의 사유재산이 인류 역사 이래 최고의 가치를 갖게 된 시대가 온 듯한 정도로 그 위상은 너무나도 높아졌다. 과거에는 충성이나 절개, 의리나 신의, 믿음, 명예, 애국심과 민족애 등을 위해 전 재산이나 심하게는 자신의 목숨까지 내걸기도 했지만 이제는 그렇지 못하다. 그 가치를 잃고 시들해진 것이다. 그 자리를 이제는 돈이 차지했다. 그리고 돈에 대한 가치는 과거의 충성이나 믿음 등이 지녔던 것보다 훨씬 크게 자리하고 있다.

자신의 전 재산을 학교나 사회단체에 기부했다는 기사를 이따금씩 신문 한 귀퉁이에서 발견하고는 한다. 하지만 눈에 잘 띄지도 않는다. 과거를 지배했던 가치를 높이 사고 기부와 나눔의 문화를 정착시키자는 사회운동이 벌어지고 있기도 하다. 하지만 정작 돈 많은 부자들은 그 운동에 관심을 갖지 않는다. 설사 관심을 가진다고 해도 남의 눈을 의식한 대외용 이거나 자신이 가진 전 재산의 눈곱만큼도 안 되는 예의를 차리기 위한 것이 대부분이다.

돈을 가질 수만 있다면 무슨 일이든 하려고 하는 사람도 많다. 예전에는 돈을 모으기 위해 저축과 같은 다소 소극적인 방법을 사용했다. 하지만 지금은 다르다. 투자와 투기 같은 적극적인 방법을 이용하는 사람들이 점점 더 늘어나고 있는 것이다.

하지만 돈 굴리다가 패가망신하는 사람 이야기를 우리는 종종 듣는다. 벼락부자를 꿈꿔 복권만 주야장천 사 나르다가 괜한 돈을 전부 낭비하는 사람, 무리하게 투자하다가 투자한 곳이 망하면서 같이 망하는 사람 등 돈 때문에 우는 사람이 많은 것이다.

조금 다르게 생각해보자. '시간은 금이다'라는 속담도 있듯이 시간은 돈과 동일시된다. 그만큼 귀중하다는 뜻이다. 하지만 중요한 점은 시간 굴리다가 망했다는 사람은 보지도, 듣지도 못했다는 것이다. 사실 시간은 돈보다 훨씬 더 귀중하다. 이 사실을 머릿속에 박아두고 사는 사람은 그리 많지 않다. 돈 벌기는 힘들지만 시간 벌기는 쉽기 때문이다. 또한 시간이 누구에게나 똑같이 공짜로 주어지기 때문이기도 하다. 그런데 그만큼 똑같은 시간을 어떻게 얼마나 잘 관리하느냐가 인생을 좌우한다.

벤저민 프랭클린은 미국의 과학자 겸 정치가였다. 그는 철저하게 자수성가한 인물이었다. 교육도 제대로 받지 못해 그가 터득한 지식은 모두 책이나 경험에 의한 것일 수밖에 없었다. 그러다 보니 그는 어떤 일에서나 심오한 이론보다 실용적 가치를 더욱 중요시했다.

그의 실용성이 더욱 빛을 낸 분야가 바로 시간 관리다. 프랭클린은 자신만의 13가지 계율을 정하고 이를 수첩에 적어 매일 실천했다. 또한 하루 24시간을 쪼개 철저하게 계획하고 수첩에 기록한 다음 그에 따라 하루를 보냈다. 그렇게 그가 가지고 다녔던 수첩은 '프랭클린 플래너'라는 일정관리 수첩으로 우리에게 사용되고 있다. 하루를 통째로 계획하도록 되어있는 보통 다이어리와 달리 시간별로 계획을 짤 수 있도록 되어 있는 '프랭클린 다이어리'. 지금 그는 우리에게 시간 관리와 자기계발의 아이콘으로 기억되고 있다.

재테크에 목숨 거는 것만큼 시테크에도 목숨을 걸어보는 것이 어

·

떨까? 똑같이 관리하더라도 시간은 돈보다 더 큰 결실을 안겨줄 것이다. 어떻게 하면 10년 후 10억을 벌 수 있을까를 고민하는 대신 어떻게 하면 10년 후 내 능력을 열 배 올릴 수 있을까를 고민하기 바란다. 그편이 좀 더 나은 노후 준비가 될 것이다.

 이기는습관

● 시간은 돈보다 훨씬 더 귀중하다.

● 시간 굴리다가 망했다는 사람은 보지도, 듣지도 못했다

● 재테크에 목숨 걸듯 시테크에도 목숨 걸어라.

● 똑같은 시간을 어떻게 얼마나 잘 관리하느냐가 인생을 좌우한다.

● 어떻게 하면 10년 후 10억을 벌 수 있을까를 고민하는 대신 어떻게 하면 10년 후 내 능력을 열 배 올릴 수 있을까를 고민하라.

WINNING HABIT
22

시간을 무의미하게 보내지 마라

여가시간을 가지려면 시간을 잘 써라.

벤저민 프랭클린

주말이다. 당신은 어떻게 시간을 보내고 있는가.

소파에 앉아서 혹은 누워서 텔레비전 리모컨을 한 손에 쥐고 채널을 이리저리 돌리고 있는 이들이 대부분일 것이다. 딱히 볼 것도, 보고 싶은 것도 없으면서 습관적으로. 그러다 보면 어느새 날은 어둑어둑해져 있다. 그렇게 하루를 또 허망하게 보낸다.

컴퓨터 앞에 하루 종일 앉아 있는 사람도 있다. 매번 들어가 보는 커뮤니티 사이트에서 괜히 이 글, 저 글을 클릭한다. 그 전에 이미 봤던 것이고 별로 새로울 것도 없음에도 불구하고 말이다. 어떤 때는

·

95

온라인 쇼핑몰에서 아이쇼핑을 한다. 사지도 않을 각종 옷, 잡화, 문구 용품 등을 구경한다. 컴퓨터를 끄는 순간 나에게 남는 것은 그리 많지 않다.

손으로는 텔레비전 채널을 돌리고 마우스를 클릭하겠지만 머리로는 다른 생각을 하고 있다. 계속 이렇게 시간을 허비해서는 안 된다는 생각 말이다. 마음이 불편해 쉬는 게 쉬는 게 아니다. 하지만 생각과 결심에 그칠 뿐이다. 넋 놓고 있다 정신을 차려보면 또 나는 리모컨이나 마우스를 만지작거리고 있다. 소파와 컴퓨터 의자에서 엉덩이를 떼기란 왜 그렇게 힘든 것일까.

한번 바꿔보자. 무의미하게 텔레비전 채널을 돌리고 인터넷 사이트를 뒤적거리는 대신 좀 더 의미 있게 시간을 보내는 것이다. 물론 휴식은 필요하다. 하지만 의미 있는 방향으로 휴식을 취하는 방법도 많다. 오히려 이때 피로가 더 풀릴지 모른다. 우선 독서를 하는 것은 어떨까? 어려운 책을 읽으면서 공부를 하라는 말이 아니다. 가볍고 재미있는 소설이나 에세이 등이 당신에게 적당한 휴식이 되어주면서 적당히 의미 있는 일이 되어줄 것이다. 차 한잔 하면서 사색에 잠기거나, 영화를 보는 등의 문화생활을 즐겨도 괜찮다.

수영장 물 밖에 서 있는 당신이 묻는다. "수영하려면 어떻게 해야 합니까?" "일단 뛰어드는 것이 먼저입니다."

무의미한 시간을 바꾸려면 어떻게 해야 하느냐고 묻는 당신에게 해줄 수 있는 대답도 이와 다르지 않다.

마음만 먹는다면 언제라도 처음부터 다시 시작할 수 있다. 아니, 지금 당장에라도 처음부터 다시 시작할 수 있다. 기회가 눈앞에서 아른거리고 있는데 알아차리지 못하는 바보 같은 짓을 해서는 안 된다. 당신이 계속 기회를 눈앞에 두고 미루는 동안 당신의 라이벌은 벌써 저만치 앞에서 헤엄치고 있을지도 모른다.

이제는 당신 차례다. 바로 지금 뛰어들어라.

 이기는 습관

● 휴식도 의미있는 휴식이 있다.

● 무의미한 시간은 당신의 삶을 갉아먹는 벌레다.

버려지는 시간을 주워담아라

나는 영토는 잃을지 몰라도
결코 시간은 잃지 않을 것이다.

나폴레옹

출근하는 당신의 지갑에는 10만 원이 들어 있었다. 그리고 저녁에 퇴근할 때 보니 2만 원이 있다. 8만 원을 쓴 셈이다. 이때 조금만 기억을 더듬어보면 그 8만 원을 어떻게 썼는지 알 수 있다. 시간으로 생각해보자. 당신에게는 하루에 24시간이 주어진다. 이 시간을 어떻게 썼는지 하나하나 세세하게 기억하고 계산할 수 있겠는가?

또 10만 원이 들어 있던 지갑에 2만 원밖에 남아 있지 않을 때, 8만 원이 자신도 모르는 사이에 없어져 버렸을 때 심정이 어떨까? 대부분의 사람들이 하루 종일 그 생각에서 벗어나지 못할 것이다. 반면 시간의 경우는 어떤가? 자신도 모르게 몇 시간이 그냥 지나갔다고 발을 동동 구르는 사람이 몇이나 될까?

하지만 시간 역시 돈처럼 사용해야 한다는 것을 잊지 말아야 한다. 하루 시간을 어떻게 썼는지 더듬고, 버려지는 시간을 주워담아 알차게 쓸 때 성공에 한 발짝 다가설 수 있다. 버려지는 시간은 우리가 생각하는 것보다 훨씬 많다. 버스나 전 철을 기다리는 시간, 그것들을 타고 이동하는 시간 등이 그것이다.

아침에 일어나서부터 우리의 시간 낭비는 시작된다. 자명종이나 휴대폰 알람이 울리는데도 불구하고 이불을 뒤집어쓰고 약 5분 동안 버틴다. 이렇게 보내는 5분을 그다지 대수롭지 않게 생각하기 때문이다. 그렇게 겨우 일어나 씻거나 아침을 먹는 동안에도 마찬가지다. 각각 10분씩, 합쳐서 20분이면 충분히 씻고 밥을 먹을 수 있다. 하지만 당신은 눈을 제대로 뜨지 못한 채로 화장실 변기에 또다시 5분 동안 앉아 있기도 하고, 밥상머리에 앉아 꾸벅꾸벅 졸기도 한다. 20분이면 끝날 일이 길게는 40분 동안이나 지속되어야 하는 것이다. 그렇게 또 20분이라는 어마어마한 시간이 날아가 버린다.

현관문을 닫고 나서는 순간부터는 또 어떤가. 자가용을 타고 다니는 당신은 출·퇴근 시간이라는 엄청난 황금을 만져보지도 못한다. 운전을 하느라 대중교통을 이용하는 사람들보다 보통 한 시간 정도를

.

덜 이용할 수밖에 없는 것이다. 따라서 나는 웬만하면 자가용보다는 대중교통을 이용하라고 권하고 싶다.

출근 시간을 이용해 책을 보기도 하고, 오늘 할 일을 정리하기도 하는 한 직장인의 말을 들어보자.

"어떤 때는 이렇게 좋은 시간을 좀 더 누리지 못하고 직장에 나가 야만 한다는 게 너무 안타깝게 여겨져요. 숨 막히는 사무실에 들어서 는 순간 그전까지 활발하게 움직이던 두뇌가 긴장되고 경직되어 버 리거든요."

그는 누구나 사소하게 생각하고 쉽게 버리는 시간을 그러 모아 알 차게 쓰는 재미를 알고 있는 사람이다. 그리고 이들은 당연히 성공할 수밖에 없다. 남들과는 다른 확실한 차별 전략을 갖고 있기 때문이 다. 다 같이 열심히 할 때 덩달아 열심히 한다면 제자리걸음일 수밖 에 없다.

잠깐잠깐의 시간을 모아봤자 무엇을 할 수 있겠냐고 말하는 사람 도 있을 것이다. 하지만 '티끌 모아 태산'이라는 속담이 괜히 있는 게 아니다. 남들과 똑같이 노력해서 될 수 없는 일이 있다. 누가 성공하 느냐는 이런 사소한 차이에서 갈린다.

이기는 습관

- 하루 시간을 어떻게 썼는지 더듬고, 버려지는 시간을 주워담아 알차게 쓸 때 성공에 한 발짝 다가설 수 있다.
- 시간 역시 돈처럼 사용해야 한다.
- 버려지는 시간은 우리가 생각하는 것보다 훨씬 많다.
- '티끌 모아 태산'이라는 속담이 괜히 있는 게 아니다.

·

24시간을 240시간처럼 활용하라

하루하루를 어떻게 보내는가에 따라

우리의 인생이 결정된다.

애니 딜러드

하루가 24시간인 것은 누구나 다 알고 있을 것이다. 24시간은 모든 사람들에게 똑같이 제공된다. 우리는 24시간 안에 하루 업무를 처리하고, 밥을 먹고, 휴식을 취하고, 잠을 잔다. 이러한 생활이 쌓이고 쌓여 훗날 성공 여부의 밑거름이 된다.

그런데 우리 주위에서는 시간이 모자라서 못 했다고 하는 사람들을 흔히 찾아볼 수 있다. 하지만 그 말은 핑계에 지나지 않는다. 다른 성공한 사람들은 시간이 남아돌아 일을 해낼 수 있었겠는가? 또한 시간이 모자란다고 나머지 시간을 어디서 구해 올 수도 없다. 시간은 단 0.00001초의 착오도 없이 명확하게 주어진다.

하루 24시간. 어떻게 해야 만족스럽고 알차게 쓸 수 있을까? 여기에는 아무런 생각도, 의지도 없이 마냥 살아가는 것은 포함되지 않는다. 모양은 그럴싸하게 흉내 낼 수 있을지 몰라도 맛까지 흉내 내는 것은 쉽지 않다.

그만큼 시간을 올바르고 효과적으로 이용하는 것이 가장 절박하고 절실한 문제가 될 수 있다. 우리의 모든 것이 시간의 사용법에 의해서 결정된다고 해도 과언이 아니다. 많은 사람들이 얻고자 하지만 좀처럼 찾아내지 못하는 인생의 행복도 이 시간의 사용법에 달려 있다.

흔히 시간이 돈과 비유되고는 하는데 나는 이것에 동의하지 못하겠다. 시간은 돈 따위와 비교도 할 수 없을 정도로 훨씬 더 귀중한 것이기 때문이다. 조금만 깊이 생각해보면 돈이 시간보다 훨씬 더 흔하다는 것을 알 수 있다. 하루 종일 땅바닥만 쳐다보며 걸으면 분명 10원짜리 하나라도 주울 수 있다. 운이 좋은 경우에는 1만 원, 몇백만 원이라는 돈다발을 주운 사람도 뉴스 등에서 심심찮게 볼 수 있다. 당신이 좀 더 깊이 세상과 당신 인생을 들여다본다면 돈이야말로 가장 흔히 볼 수 있었던 것이라는 사실을 알 수 있는 것이다. 사실 돈만큼 이 지상에서 철철 넘쳐나고 있는 것은 없다.

하지만 이쯤에서 분명 자신은 돈 한 푼도 제대로 만져보지 못하는 거지라고, 어떻게 세상에 넘쳐나는 것이 돈이라고 함부로 말할 수 있느냐고 따지는 사람도 있을 것이다. 하지만 생각해보라. 돈이 없으면 돈을 벌면 된다. 사실 돈을 더 벌어들인다는 것은 당신의 육체적인 건강에 이상만 없으면 언제든지 가능한 일이다. 벌어들일 수 있는 돈 액수의 차이는 있겠지만 말이다.

반면 시간이라는 것을 살펴보자. 당신에게는 하루 24시간이 언제나 무상으로 주어진다. 하지만 하루 24시간이라는 시간 동안 해야 할 일을 다 하지 못했다는 이유로, 시간이 부족 하다는 이유로 어딘가에서 나머지 시간을 구해올 수 있을까?

분명한 사실은 시간은 누구에게나 단 1초의 착오도 없이 확실하게 주어진다는 것이다. 그리고 그 양 또한 냉혹할 정도로 공평하다.

똑같이 주어진 24시간이지만 어떻게 사용하느냐에 따라 24시간이 될 수도, 240시간이 될 수도 있다. 당신은 어느 쪽을 택할 것인가?

이기는 습관

● 하루 24시간은 모든 사람들에게 똑같이 제공된다.

● 우리의 모든 것이 시간의 사용법에 의해서 결정된다고 해도 과언이 아니다.

● 시간은 돈 따위와 비교도 할 수 없을 정도로 훨씬 더 귀중한 것이다.

● 똑같이 주어진 24시간이지만 어떻게 사용하느냐에 따라 24시간이 될 수도,

  240시간이 될 수도 있다.

WINNING HABIT
25

자신만의 시간 활용법을 개발하라

시간은 네가 가진 유일한 동전이고,

그 동전을 어디에 쓸지는 너만이 결정할 수 있다.

칼 샌드버그

이쯤 되면 시간을 잘 관리해야 한다는 것은 더 말하지 않아도 인지하고 있을 것이다. 어떻게 관리해야 하는지도 앞에서 이미 다양하게 설명했다.

하지만 가장 중요한 것은 어떤 시간 활용법이든 나에게 맞지 않으면 아무런 소용이 없다는 점이다. 아무리 효과적인 방법일지라도 내 환경이나 처지 때문에 실행할 수 없다면 나에게는 전혀 효과가 없다. 예를 들어 프리랜서로 집에서 일하는 사람에게 출근하는 동안의 시간을 활용하라고 해봤자 어떻게 실천할 수 있겠는가? 그 시간을 활용하기 위해 업무 형태를 바꾸기라도 해야 한단 말인가?

다소 극단적인 이야기가 될 수도 있겠지만 좀 더 자세한 예를 들어보고자 한다. 어떤 한 직장인은 아픈 노부모를 모시고 살고 있다. 집안에서 돈을 벌어오는 사람이라고는 이 사람밖에 없다. 하지만 그 역시 별로 좋지 않은 회사에 다니고 있어 벌어들이는 수입이 쥐꼬리만하다. 세 식구 입에 풀칠하기에도 벅찬 것이다.

그래서 그는 어쩔 수 없이 투잡을 뛸 수밖에 없다. 본업인 직장에서 돌아오면 간단한 저녁 아르바이트로 상점에서 일을 하는 것이다. 그렇게 완전히 하루의 일이 끝나고 나서 집에 돌아오면 녹초가 되고만다. 그리고 쓰러져 잠들기 바쁘다.

다음 날 아침 그는 여지없이 아침 일찍 일어나야 한다. 피곤하다고 늦장을 부리는 것은 꿈도 꿀 수 없는 일이다. 노부모가 아프기 때문에 온갖 집안일까지 도맡아 해야 하기 때문이다. 6시에 일어나 노부모를 위한 아침을 준비하고 아침 식사가 끝나면 설거지까지 말끔하게 끝낸다. 그제야 그는 출근 준비를 할 수 있다. 그리고 또다시 힘든 일상이 반복되는 것이다.

자, 어떤가? 당신이 생각하기에 이 사람이 앞에서 이야기한 대로 시간을 활용할 수 있을 것 같은가? 아마 그렇지 않을 것이다. 아침과 밤 시간의 명상은 물론 중요하지만 그에게는 그럴 만한 여유가 없다.

.

업무에 치인 몸을 추스르기 위해 자신만의 시간을 가지는 것도 중요하지만 그에게는 사치일 뿐이다. 그렇지만 그는 상점에서 일하는 동안 손님이 없을 때 자기계발을 위해 책을 읽을 수도 있고 찌뿌드드한 몸을 풀어주기 위해 간단한 스트레칭을 할 수도 있다.

자기 나름대로 자신의 삶을 풍요롭게 만들 수 있는 방법은 얼마든지 있다. 단 그것은 계획이 자신의 사정에 딱 들어맞을 수 있을 때 가능한 이야기다.

영국의 대표적인 소설가 찰스 디킨스는 셰익스피어에 버금가는 인기를 누렸다. 그런데 영국 남부 해안 도시에서 하급 공무원의 아들로 태어난 디킨스는 빚을 지고 감옥에까지 간 아버지 때문에 어려서부터 일을 해야 했다. 그의 꿈은 글을 쓰는 것이었는데도 말이다. 하지만 도통 시간이 나지 않았다. 열다섯 살 때 법률 사무소 직원으로 일하면서 본격적으로 사회생활을 시작했기 때문이다. 그럼에도 그는 포기하지 않았다. 낮에 시간이 나지 않으니 주경야독함으로써 스무 살 때 신문사 기자가 되는 데 성공했다. 그리고 그때부터 틈틈이 작품을 쓰기 시작했다. 낮에는 신문사에서 일하고, 밤에는 소설 가 지망생으로 미래를 준비한 것이다. 자기 나름대로 없는 시간을 쪼개고 쪼개서 활용했다고 할 수 있다. 마침내 처녀작을 발표했고, 얼마 지나지 않아 《올리버 트위스트》로 일약 유명작가의 반열에 올랐다.

따라서 자신의 상황에 맞는 시간 활용법을 개발해 그것을 꾸준히 실천하는 것이 가장 좋다. 밖에 잘 돌아다니지 않는다면 안에서 남는 시간을 활용하면 된다. 화장실에 오래 앉아 있는 때나 커피가 내려지기를 기다리는 때 등을 말이다. 스스로 직접 개발한 시간 활용법으로 하루가, 인생이 달라지는 경험을 했다면 그 뿌듯함은 이루 말할 수 없을 정도다.

 이기는 습관

● 어떤 시간 활용법이든 나에게 맞지 않으면 아무런 소용이 없다.

● 자신의 상황에 맞는 시간 활용법을 찾아 그것을 실천하는 것이 가장 좋다.

자기 계발은 할수록 더욱 그 능력을 발휘한다.

어떻게 얼마나 노력하느냐에 따라

60세의 삶이 30세의 삶처럼 될 수도,

30세의 삶이 60세의 삶처럼 될 수도 있다.

자신만의 길을 개척하라

찾아 나서고 있다. 노력하고 있다. 혼신을 다해 일하고 있다.

빈센트 반 고흐

현대의 교육 현실에는 많은 문제점이 있다는 이야기를 들어본 적이 있을 것이다. 그를 대상으로 한 연구와 실험도 많이 있다. 한 실험에는 두 가지 형태의 부모 모습이 나타난다. 먼저 부모와 아이가 나란히 앉는다. 실험자는 아이에게 다소 어려운 문제를 풀게 하고는 잠깐 밖으로 나간다. 이때 한쪽 부모의 경우 아이가 문제를 스스로 풀 수 있도록 간접적인 힌트만 줄 뿐 직접적인 도움을 주지 않는다. 반면 다른 한쪽 부모의 경우 뭐가 그렇게 답답한지 직접적인 도움을 주면서 아이 스스로 생각할 시간조차 주지 않는다.

주입식 교육에 피해를 입은 우리 아이들은 자라서도 그 나쁜 영향의 지배를 받는다. 어딘가에서 우두머리로 나서는 것을 두려워하고 심지어 단순히 자신의 의견을 말하는 것조차 어려워한다. 고등학교 때까지는 그럭저럭 괜찮다. 내 의견을 내세울 기회가 그리 많지 않기 때문이다. 선생님의 수업을 잘 듣고 그것을 열심히 공부해 시험만 잘 치러도 우등생 소리를 들을 수 있다.

하지만 대학교에 진학하고 회사에 취직하고 나서는 사정이 조금 달라진다. 더 이상 남이 이끌어주지 않는다. 내가 조금 뒤처진다고 뒤를 돌아봐 주거나 멈춰서 기다려 주는 사람은 찾아보기 힘들다. 스스로 살길을 개척해나가야 한다. 내 의견 하나 내세우지 못하면 바보 소리를 듣고 손해를 볼 수밖에 없다.

이제는 자신의 주장을 내세우는 것이 보편화되어 있다. 오히려 그렇지 않은 경우를 이상하게 생각한다. 하지만 아직까지도 마다하고 사양하는 문화 역시 남아 있다는 것이 인정할 수밖에 없는 현실이다. 누군가 특별히 나서기라도 하면 건방지다고 생각하는 사람도 있다. 하지만 시대가 변하고 있다. 그것을 깨닫고 그 흐름에 발맞춰 나아가야 성공할 수 있다는 사실을 잊지 않기 바란다.

이제 아무도 이전처럼 자신을 이끌어주지 않는다는 사실을 알았다면 스스로 실천해야 할 때다. 하지만 안타깝게도 그에 대한 방법은 명확히 정해져 있지 않다. 난관에 부딪히면서 스스로 깨달아가야 하는 것이다. 여기에 지름길 따윈 없다. 성공한 사람들에게는 물론 공통된 특성이 있기는 하지만 기본적으로 그들은 모두 각자의 삶을 살았다. 어느 누군가가 그들을 멘토로 삼아 이것저것을 배운다고는 해도 그들과 아예 똑같아질 수는 없다. 또 그들과 똑같이 산다고 한들 그들처럼 성공할 수 있다는 보장도 없다. 똑같이 살려고 하기보다는 그들이 얼마나 노력했는지를 배우고 그것을 자신만의 인생에 적용시킬 수 있어야 한다. 그러면 오히려 더 큰 효과가 나타날 확률이 높아진다.

무엇보다도 중요한 점은 실패하더라도 이를 악물고 일어나야 한다는 것이다. 처음부터 잘하는 사람은 그리 많지 않다. 당연히 실패할 수밖에 없다. 그 실패를 어떻게 이용하느냐가 성공의 여부를 가른다. 그런데 놀랍게도 스스로 무언가를 해내고자 하는 사람들이 실패를 두려워하지 않는다. 그리고 성공한 이들 중에서 실패에 무릎 꿇은 사람은 찾아보기 어렵다. 이를 다시 말하면 스스로 일을 해낼 수 있을 때 성공에 한 걸음 더 가까워진다는 뜻이 된다.

이기는 습관

● 시대가 변하고 있는 것을 깨닫고 그 흐름에 발맞춰 나아가야 성공할 수 있다.

● 성공한 사람들은 모두 각자의 삶을 살았다.

● 실패를 어떻게 이용하느냐가 성공의 여부를 가른다.

● 스스로 일을 해낼 수 있을 때 성공에 한 걸음 더 가까워진다.

지쳐가는 두뇌를 단련하라

무한한 가능성이 열려 있는

새로운 시기의 서막이 빛나고 있다.

라이너 마리아 릴케

'세월은 무엇으로도 못 막는다'는 말이 있다. 자연의 섭리이기 때문에 인위적인 힘으로 어쩔 도리가 없는 것이다. 하지만 막지는 못해도 늦출 수는 있다는 사실을 알아야 한다. 의학의 발달로 인간의 평균 수명은 80을 바라본 지 오래되었다. 옛날 같았으면 50대가 넘을 때 서서히 은퇴 준비를 해야 했지만 지금이라면 아직까지 한창인 때다. 적어도 60~70대까지는 생산활동을 해야 한다는 말이다. 그런데 인간의 두뇌는 50이면 서서히 그 작용 능력을 잃어버리기 시작한다. 심지어 이때부터 치매에 걸리는 사람도 있을 정도다. 곧 100세 시대를 바라보게 되는데 그렇다면 나머지 50년은 어떻게 살아야 한다는 말인가. 혈기 좋은 젊은이들에게 나의 자리를 마냥 빼앗겨도 괜찮을까? 누구나 그걸 바라지는 않을 것이다. 따라서 우리는 더욱 세월을 늦추려고 노력해야 한다.

두뇌는 훈련하면 할수록 디욱 그 능력을 발휘한다. 어떻게 얼마나 단련을 하느냐에 따라 60세의 두뇌가 30세의 두뇌처럼 될 수도, 30세의 두뇌가 60세의 두뇌처럼 될 수도 있다. 우리 주변에는 젊은이들 못지않게 열심히 공부하고 그 때문에 뒤늦게 성공할 수 있었던 노인들이 많이 있다.

예를 들어보자. KFC는 세계적으로도 유명한 패스트푸드 프랜차이즈다. 당신은 KFC를 처음 만든 사람이 누구인지 알고 있는가? 바로 KFC의 상징인 커넬 할아버지다. 누구나 KFC 입구 앞에서 환하게 웃고 있는 흰 양복의 할아버지를 본 적이 있을 것이다. 그 할아버지가 바로 KFC를 처음 만든 커넬 할랜 드 샌더스다.

일찍이 아버지를 여의고 돈이 되는 일은 닥치는 대로 했던 커넬은 중년이 넘은 나이에 드디어 자신 명의의 레스토랑을 소유하게 되었다. 하지만 경제 대공황으로 1년 만에 그는 모든 것을 잃는다. 그때 그의 나이 예순여섯이었다. 가진 거라곤 사회보장금으로 지급된 105불이 전부였다. 하지만 그는 포기하지 않았다. 레스토랑을 운영하면

.

서 개발한 자신만의 독특한 조리법을 팔 결심을 한 것이다. 무려 1천 번이나 실패했지만 될 때까지 도전했다. 그리고 2년 만에 자신의 요리법을 사줄 사람을 만난다. 그렇게 KFC가 탄생한 것이다. 이 일화는 나이는 숫자에 불과하다는 진리를 다시 한 번 깨닫게 해준다. 이외에도 나이를 극복한 사례는 많이 있다.

당신도 끊임없이 두뇌를 개발하고 포기하지 않으면 KFC 할아버지처럼 될 수 있다. 여기에 나이는 아무런 문제가 되지 않는다. 그런데 반대로 두뇌를 젊은 나이 때부터 사용하지 않고 그대로 방치해두면 두뇌는 신체보다 훨씬 늙어갈 것이다. 두뇌 역시 우리가 사용하는 다른 도구들과 다르지 않다. 녹이 슬고 뻑뻑해진다.

 이기는 습관

● 세월을 막지는 못해도 늦출 수는 있다.

● 두뇌는 훈련하면 할수록 더욱 그 능력을 발휘한다.

● 나이는 숫자에 불과하다.

틈새 시간을 활용하라

1분 전만큼 먼 시간은 없다.

짐 비숍

어떻게 하면 시간을 알뜰하게 사용할 수 있을까? 시간을 지배하고 싶어 하는 사람은 많다. 문제는 어떻게 해야 하는지를 모르는 것이다. 이번에는 시간을 알뜰하게 사용하고 집중력을 키울 수 있는 방법을 알아보기로 한다.

공부를 할 때마다 크게 마음을 먹고 네다섯 시간씩 책상에 앉아 있는 사람이 있는가 하면 30분 혹은 한 시간 동안만 책상에 앉아 있거나 이동하는 시간에 하는 사람도 있다. 물론 그 효과는 사람에 따라 다르게 나타나겠지만 나는 잠깐잠깐 동안의 시간을 이용하여 공부하는 방법을 추천하고 싶다.

사람은 기계가 아니기 때문에 한 가지 일을 오랫동안 하면 과부하 상태가 된다. 기계 역시 오랫동안 작동시키면 뜨거워지고 망가질 위험이 높아진다. 중간중간에 조금씩 쉬어줄 필요가 있는 것이다.

공부할 때 역시 마찬가지다. 한 번에 네다섯 시간씩 공부를 한다고 해서 그 시간에 온전히 집중할 수 있는 사람은 그리 많지 않다. 오히려 시간이 많다는 이유로 더 집중하지 못한다. 노트에 낙서를 하기도 하고 잡생각에 사로잡혀 헤어 나오지 못하기도 하는 것이다. 그런데 30분씩, 한 시간씩, 어딘가로 이동하는 시간에 공부를 해보자. 시간이 얼마 없다는 긴장감 때문에 더욱 집중할 수 있게 된다. 이동할 때는 무언가에 부딪힐 수도 있기 때문에 빨리 머릿속에 집어넣고 제대로 앞을 보고 걸어야 한다는 생각을 한다. 사람은 위기에 닥쳤을 때 초인적인 힘을 발휘한다는 사실은 이미 연구를 통해 밝혀진 바가 있다.

또 자투리 시간을 이용하면 남들이 그냥 버리는 시간을 좀 더 의미 있게 활용하는 셈이 된다. 남들과 똑같이 노력하면서 그들보다 더 뛰어나길 바라는 것은 어불성설이다. 남들보다 더 성공하고 싶다면 그들보다 더 많이 노력해야 한다. 그리고 그러기 위해서는 그들이 버리는 시간을 이용해야 한다.

우리는 버스나 전철 등 대중교통에서 책을 읽는 사람을 종종 볼 수 있다. 그들은 남들보다 열심히 사는 사람이다. 당장은 어려울지 몰라

·

도 언젠가는 성공할 사람이다. 그동안 버스나 전철에서 멍하니 있거나 휴대폰 게임을 하거나 잠을 잤다면 이제부터라도 바꿔보는 것이 어떨까. 자투리 시간을 활용하는 것이 습관이 되면 당신의 두뇌는 어느 순간 팽팽 돌아가게 될 것이고, 그것은 나이를 먹어서까지도 이어질 것이다.

 이기는 습관

● 자신만의 자투리 시간을 이용하여 공부하라.

● 시간을 알뜰하게 이용하면 남들이 그냥 버리는 시간을 좀 더 의미 있게 활용하는 셈이 된다.

● 남들보다 더 성공하고 싶다면 그들이 버리는 시간을 이용해야 한다.

메모는 창의력의 원천이다

메모하고 실천하자.

빌 게이츠

유대인의 교육법은 아직까지도 많은 사랑을 받고 있다. 그만큼 그들이 지혜롭다는 사실을 알고 있기 때문일 것이다. 유대인의 성공 비결 중 하나는 무엇이든 메모하는 습관에 길들었다는 것이다. 그들은 아무리 사소한 일이라도 꼭 적어놓고 수시로 확인한다. 그렇기 때문에 자신이 해야 할 일을 잊어버리는 법이 없다.

디지털이 발달하기 전 아날로그 시대에는 우리도 메모를 종종 이용했다. 중요한 약속이 있는 날은 달력에 빨간색 펜으로 별표까지 쳐가며 표시를 했다. 학생 때는 선생님이 칠판에 적어주신 알림 사항을

.

알림장이라는 공책에 적어 갔다. 그렇게 해온 일을 불편하다 여긴 적도 없었고, 달력에 표시된 날짜를 세면서 오히려 설레 했다. 그런데 이제는 그런 것을 느끼기 어렵다. 달력에 표시하는 일은 휴대폰 달력에 일정을 입력하는 것으로 대신하게 되었고, 칠판에 적었던 알림 사항은 학급 홈페이지 알림 게시판에 들여앉히게 되었다. 생활이 편리해진 것은 사실이지만 감정은 협소해졌다. 몸의 편안함은 정신의 나태함을 불러왔다.

주위 사람들의 공부하는 습관을 보면 개중에는 끄적거리면서 공부할 내용을 머릿속에 집어넣는 이들도 있다. 실제로 쓰면서 공부를 하면 그 내용이 더 잘 기억된다고 한다. 또 작은 수첩을 들고 다니면서 공부할 내용을 적으면 휴대성을 가질 수도 있다. 교과서 한 권을 통째로 들고 다니는 것보다 훨씬 효율적일 것이다. 무엇보다도 사람의 기억력에는 분명 한계가 있다. 메모하는 습관이 당신의 기억력의 한계를 보듬어 줄 것이다. 메모하는 습관이 중요한 이유다.

일기도 하나의 기록이며 메모다. 오늘 하루를 어떻게 보냈는지 써 내려가 보자. 잘한 것과 못한 것 모두를 적어야 한다. 잘한 점은 더욱 발전시켜 이어나가고, 못한 점은 시정해서 다시는 그런 일이 없도록 해야 한다. 이 작업은 당신을 성공으로 이끌어줄 수레가 될 것이다. 그리고 그것은 메모의 습관이 갖추어졌을 때 가능하다. 마음에 콕 박히는 감동적인 글귀를 발견하면 일기 밑에 적어두는 것도 좋다. 그것을 좌우명으로 삼아 가슴에 품고 다니면 어느 순간 그 글귀처럼 살아가고 있는 자신의 모습을 발견할 수 있다.

메모의 중요성을 알고 있더라도 실천이 잘되지 않는다면 당신의 두뇌와 손이 할 일을 기계에게 빼앗길지도 모른다고 생각해보자. 이는 언젠가 실제로 일어날 수도 있는 일이다. 이것을 주제로 한 영화도 이미 많이 나와 있다. 생각만 해도 끔찍하지 않은가. 기계가 해주는 일에 익숙해지면서 두뇌가 멍청해지고 그에 따라 역으로 기계에게 지배 받고 싶지 않다면 이제부터라도 다시 불편함에 길들어야 한다. 수첩을 넘기는 불편함이 컴퓨터를 켜고 수많은 파일을 뒤적거리는 편리함보다 빠르고 효율적일 때가 있다는 진리를 기억해야 한다.

 이기는습관

● 유대인의 성공 비결 중 하나는 무엇이든 메모하는 습관이다.

● 쓰면서 공부를 하면 그 내용이 더 잘 기억된다.

● 메모하는 습관이 당신의 기억력의 한계를 보듬어줄 것이다.

·

자신을 찬양하고 칭찬하라

나는 나 자신을 찬양하고 나를 위한 노래를 부른다.

월트 휘트먼

'칭찬은 고래도 춤추게 한다'는 속담이 있다. 얼마나 재미있는 말인가. 조용하고 혼자 있기 좋아하는 고래를 춤추게 하다니. 칭찬이란 얼마나 큰 힘을 지니고 있는 것일까? 누구나 한 번쯤은 상대의 칭찬에 우쭐해본 경험이 있을 것이다. 기분이 우울하다가도 칭찬 한 번에 우울함이 눈 녹듯 사르르 없어지기도 한다. 그래서인지 미리 상대방의 칭찬을 기대하며 거짓말을 하는 경우도 적지 않다. 그만큼 칭찬하는 일은 나에게도, 상대에게도 중요하다. 더 나아가 나와 상대의 관계에서도 중요하다. 칭찬 하나 때문에 대인관계가 틀어지기도 한다.

그런데 칭찬은 일상생활에만 영향을 미칠 뿐 아니라 업무에도 영향을 준다. 칭찬이 한 사람의 인생 전반에 걸쳐 영향을 미친다고 해도 과언이 아니다. 도대체 칭찬이 무엇이기에 그 정도의 영향력을 발휘한단 말인가?

칭찬은 투박한 원석 모양을 한 사람을 갈고 닦아 반짝반짝하게 빛나는 보석으로 만들어주는 역할을 한다. 원석을 보석이 아니라고 할 수는 없지만 가공한 후의 아름다움과 비교하기에는 무리가 있다. 똑같은 모양의 원석일지라도 어떻게 얼마만큼 가공하느냐에 따라 그 결과물에는 큰 차이가 난다.

사람 역시 마찬가지다. 똑같은 능력을 갖고 있다고 하더라도 칭찬을 통해 그들의 능력을 더욱 발굴해낼 수도, 그렇지 않을 수도 있는 것이다. 칭찬을 받으면 받을수록 더욱 신나게 업무를 처리해 그 능력이 더욱 향상되는 사람을 본 적이 있을 것이다.

그런데 한 가지 기억해야 할 사실이 있다. 남보다 내가 더 중요하다는 것, 나보다 나를 더 잘 이해하는 사람은 없다는 것이다.

다른 사람들이 아무리 나를 칭찬하고 떠받들어 주더라도 나 자신이 내 성에 차지 않는다면 나는 끝소 없는 찐빵밖에 되지 않는다. 그들이 나를 제대로 알기나 하는 것일까, 하는 의심마저 든다. 반대로 다른 사람들 모두가 나를 욕하고 손가락질해도 나 스스로가 만족할 수 있다면 그것은 별로 신경 쓰지 않아도 되는 경우가 많다. 하지만

.

나 스스로 만족하고 내 능력을 자랑스럽게 펼치면 결과적으로 다른 사람의 호응도 저절로 따라오게 마련이다. '자존감'이라는 말이 우리 사회에서 계속해서 대두되고 있는 이유가 여기에 있다.

자기 자신을 잃어버려서는 아무것도 할 수가 없다. 나부터 먼저 바로 서야 한다. 가장 큰 상처는 남이 아닌 자기 자신으로부터 입는다는 사실을 알아야 한다. 인생을 살다 보면 실패할 일도 생기게 마련이다. 그런데 그때마다 '나는 역시 안 돼', '내가 할 수 있을 리가 없어'라고 자책한다면 다시는 일어설 수 없을지도 모른다.

넘어지더라도 탈탈 털고 일어나 '다시 한 번 해보자', '다음에는 틀림없이 할 수 있을 거야'라고 결의를 다지면 안 될 일도 될 수 있다. 그리고 마침내 성공했을 때는 자신에 대한 칭찬을 아끼지 말기 바란다. 자신만을 위한 작은 선물이나 파티를 마련해도 좋다. 이러한 보상은 다음 성공을 위한 매개체가 되어줄 것이다.

이기는 습관

● 칭찬하는 일은 나에게도, 상대에게도 중요하다. 더 나아가 나와 상대의 관계
  에서도 중요하다.

● 칭찬은 투박한 원석 모양을 한 사람을 갈고 닦아 반짝반짝하게 빛나는 보석으
  로 만들어주는 역할을 한다.

● 남보다 내가 더 중요하고 나보다 나를 더 잘 이해하는 사람은 없다.

● 나 스스로 만족하고 내 능력을 자랑스럽게 펼치면 결과적으로 다른 사람의 호
  응도 저절로 따라오게 마련이다.

● 자기 자신을 잃어버려서는 아무것도 할 수가 없다.

● 가장 큰 상처는 남이 아닌 자기 자신으로부터 입는다.

실패는 성공의 옵션이다

나는 실패해본 적이 없다.

다만 효과가 없는 만 가지 방법을 찾았을 뿐이다.

토머스 에디슨

우리는 일생 동안 얼마나 많은 일을 계획하고, 또 그에 대한 실패와 좌절을 얼마나 많이 경험할 것인가? 아마 숫자로 일일이 세기도 힘들 것이다. 당장 이 책이 가르쳐주는 대로 시간을 다르게 활용하려고 하는 것에서부터 좌절을 맛볼 것이 분명하다. 그만큼 우리는 좌절을 거듭하고 어쩌다 한 번 성공하는 기적을 겪으며 살아가고 있다.

이 말이 확 와 닿지 않는 이들도 있을 것이다. 자신은 계획도 별로 세우지 않으며 실패를 한 적도 별로 없다면서. 하지만 이는 계획이나

.

실패를 거창하게 생각하기 때문이다. 일상의 사소한 것에서부터 우리는 계획과 좌절을 찾아볼 수 있다. 우선 오늘 아침을 생각해보자. 출근하기 위해 6시 30분에 알람을 맞춰놓은 당신, 조금 늦장을 부리는 바람에 15분 늦게 일어났고 그만큼 지각을 하게 되었다. 상사에게 꾸지람을 들으며 당신은 시무룩해질 수밖에 없었다. 여기서 당신의 계획은 6시 30분에 일어나기로 한 것이었으며, 좌절은 그렇지 못해 지각을 하고 상사에게 혼이 난 것이다. 이처럼 계획과 좌절은 우리의 일상에 녹아 있다.

그런데 이때 당신이 상사에게 혼 한번 났다고 '나는 이 회사에서 쓸모없는 존재야'라고 좌절해버리면 어떻게 되겠는가. 아무 일도 할 수 없는 칠푼이로 살아갈 수밖에 없다. 상사에게 진심으로 죄송하다고 말하고 다음 날부터는 제시간에 일어날 수 있도록 나름의 노력을 해야 한다. 전날 밤 일찍 자거나 자명종을 두세 개 정도 놓아두는 식으로 말이다. 그렇게 다음부터 달라진 모습을 보이면 상사는 당신이 지각했던 일은 까맣게 잊어버리고 당신의 성실한 모습만 기억할 것이다.

매일 하는 일을 계획할 때도 실패하게 마련인데 하물며 새로운 일에 도전하고 계획할 때는 어떻겠는가. 당연히 최소한 한 번은 실패할 수밖에 없다. 단번에 성공한 적이 있다면 그것은 순전히 운이 좋아서인 경우가 대부분이다. 실패해야만 그것을 발판 삼아 성공으로 도약

할 수 있다. 성공하기 위한 하나의 과정이라고 생각하면 마음이 편할 것이다.

난생처음 마라톤에 도전한다고 생각해보자. 1등으로 결승선을 통과하기까지는 얼마나 많은 실패를 해야 하고 얼마나 많은 시간이 걸릴까? 처음에는 1등은커녕 채 완주도 다 하지 못할 것이다. 반도 못 가 주저앉을지도 모른다. 그런데 거기서 포기해버리면 그것으로 끝이다. 세계적으로 유명한 마라톤 선수들도 처음부터 1등을 하지 못했다는 사실로 자신을 위로하자. 또 오늘은 비록 중간까지밖에 달리지 못했지만 다음에는 꼭 완주를 하겠다는 계획을 세운다. 그리고 노력해서 완주를 해내고야 만다. 만약 또 실패했더라도 다시 한 번 하면 된다. 그래도 안 되면 또다시 한 번 더, 될 때까지. 그렇게 마침내 결승선을 통과했을 때의 감정은 말로 설명할 수 있는 것이 아니다. 또한 좀 더 먼 훗날 내 앞에서 달리는 사람 아무도 없이 결승선을 통과했을 때의 감정은 더 말해 무엇하겠는가.

걸음마를 배우는 아기들에게 우리는 배울 점이 많다. 아기들은 두 발로 걷기 위해 수없이 넘어진다. 넘어지면서 일어서는 법을 배운다. 넘어지면서 걷고 뛰는 법을 배운다. 넘어질 때마다 울기는 하지만 걷는 법을 포기하지는 않는다.

성공의 기쁨은 잠깐이지만 실패의 깨달음은 평생 간다. 나에게 어려움이 닥칠 때마다 가르침을 준다. 실패를 두려워하지 말자. 새로운 변화를 꾀할 때 실패는 자연적으로 따라올 수밖에 없다. 기꺼이 받아들여야 한다.

 이기는 습관

● 계획과 좌절은 우리의 일상에 녹아 있다.

● 실패는 성공하기 위한 하나의 과정이다.

● 성공의 기쁨은 잠깐이지만 실패의 깨달음은 평생 간다.

● 새로운 변화를 꾀할 때 실패는 자연적으로 따라올 수밖에 없다.

행동하면 꿈은 이루어진다

기회는 강력한 것이다.

웅덩이에 고기가 조금이라도 있을 것 같다면

그곳에 항상 낚싯바늘을 드리우라.

그러면 고기를 잡을 수 있다.

오비드

당신은 어렸을 때 꿈꿨던 일을 지금 하고 있는가? 일시적인 꿈을 꾸었다면 그 꿈을 이룬 적이 있는가? 그러한 사람들은 우리가 생각하는 것보다 그리 많지 않다. 모두 현실적인 벽에 부딪혀 포기한 채 살아가는 것이다.

나이가 어릴수록 하고자 하는 것을 이루려는 노력이 크다. 각자 자신의 젊었을 때를 생각해보자. 그때는 거칠 것이 없었다. 두려울 것이 없었다. 무언가 하나 하기로 마음을 먹으면 기어이 해내고 말았다. 능력은 조금 부족했을지 몰라도 넘치는 열정과 패기가 그것을 커버해주었다.

그러나 지금은 어떤가? 아침에 일어나 출근하는 것부터가 곤욕이다. 활기 넘치는 하루를 보내고 싶어도 도저히 힘이 안 난다. 진작부터 때려치우고 싶었던 회사는 가정을 위해 마지못해 다닌다. 하고 싶은 일이 따로 있지만 역시나 또 가정이 걸린다. 돈을 벌기 위해 꿈을 포기하고 어쩔 수 없이 여기까지 왔는데 정신을 차리고 보니 다시 꿈을 찾아 떠나기엔 너무나도 멀리 왔다. 하지만 돈 때문에 하기 싫은 일을 억지로 하는 삶은 즐겁지가 않다. 매일매일 무기력할 뿐이다.

중년의 대부분이 위와 같은 생각을 하고 하루하루를 힘겹게 버티며 살아가고 있을 것이다. 하지만 그렇게 살아봤자 늙어서 돌아보면 남는 것은 그리 많지 않다. '그때 시도라도 한 번 해볼걸' 하고 후회할지 모른다. 한 번뿐인 인생인데 후회를 남겨서야 되겠는가. '~때문에'라는 핑계 아닌 핑계는 그쯤이 면 됐다. 이제까지는 나 아닌 가족, 사회를 위해 살아왔다면 이제부터는 자신을 위해 한번 살아보는 것이 어떨까.

꿈을 이루기 위해서는 무언가 엄청난 일을 해야 한다고 생각하는 사람들이 많은데 실은 그렇지 않다. 우선은 시도해보는 것이 중요하

·

133

다. '시작이 반이다'라는 말이 괜히 생긴 것이 아니다. 시작하는 데까지가 어렵지, 한번 시작하면 그 다음부터는 뻥 뚫린 고속도로를 달리는 것처럼 빠른 시일 내에 목표 점에 도달할 수 있다.

시작했는데 도중에 실패했다 하더라도 괜찮다. 다시 시작하는 것은 그리 어려운 일이 아니다. 처음 시작하는 것보다 훨씬 수월하다. 또한 앞에서도 이야기했듯 무언가를 이루기 위해서 실패는 반드시 필요한 과정이다.

어떤 남자의 이야기로 예를 들어보겠다. 한 가정의 가장인 이 남자는 전 세계를 배낭 여행하는 것이 어렸을 때부터의 꿈이었다. 하지만 정신없이 공부하고 떠밀리듯 취업해서 한 가정의 가장이 되다 보니 기회가 생기지 않았다. 하지만 그는 자신의 꿈을 마음속 깊이 간직한 채 결코 잊지 않았다.

그렇게 자식들을 모두 키워 출가시켰을 때 그는 마침내 떠나기로 결심했다. 그동안 꿈이 있었음에도 불구하고 가정을 위해 미루고 있었던 것을 안 아내는 남편을 응원해주었다. 비록 전 세계를 돌지는 못했지만 그는 좀 더 넓은 세상을 보고 기쁘게 돌아왔다. 물론 그 여행은 앞으로의 삶에 좋은 영향을 주었음이 분명하다. 이렇듯 꿈을 잃지 않고 언제가 됐든 시도해보는 것이 중요 하다. 결과가 어떻게 되든 그것은 가만히 있는 것보다는 나은 일이 될 것이다.

이기는 습관

● 한 번뿐인 인생인데 후회를 남겨서야 되겠는가.

● 이제까지는 나 아닌 가족, 사회를 위해 살아왔다면 이제부터는 자신을 위해

　한번 살아보자.

● 무언가를 이루기 위해서 실패는 반드시 필요한 과정이다.

● 꿈을 잃지 않고 언제가 됐든 시도하는 것이 중요하다.

.

독서의 중요성을 인식하라

책 없는 방은 영혼 없는 육체와도 같다.

마르쿠스 키케로

책은 쓸데없는 것이라고 말하는 사람은 아마 없을 것이다. 모두가 책의 중요성을 알고 있다. 하지만 독서를 실천하기란 여간 어려운 일이 아니다. 어떻게 하면 독서를 실천할 수 있을까? 또한 독서가 중요한 이유는 무엇일까?

성공한 사람들의 일대기를 살펴보면 어렸을 때부터 책을 가까이했다는 이야기가 많다는 것을 알 수 있다. 《데미안》, 《수레바퀴 아래서》 등의 저자로 노벨문학상을 받은 헤르만 헤세는 어렸을 때부터 못말리는 독서광이었다. 세계적으로 널리 인정받은 작품을 빚어낼 수 있었던 것은 그의 독서력 덕분이라 해도 과언이 아니다. 헤세는 꼭 읽어야 할 세계문학을 선정하면서 독자에게 독서의 기술을 전하기도 했다. 그는 말했다. "난 친구를 얻기 위해 독서를 했다. 책을 읽으면서 다른 사람의 생각과 만나는 것이다. 책을 읽을 때마다 그 낯선 생각을 이해하려고 노력했고, 마침내 그를 친구로 삼곤 했다"고.

프랑스의 군인이자 제1통령, 황제를 지낸 나폴레옹은 어린 시절 작은 키 때문에 친구들로부터 놀림을 받았다. 그에 따라 자연스럽게 외로움을 책으로 달래면서 독서에 빠질 수밖에 없었다. 《플루타르크영웅전》을 읽으면서 세계 정복을 꿈꾸었고, 마침내 전쟁 활동을 할 수 있게 되었을 때도 책을 손에서 놓지 않았을 정도로 독서광이었다.

이들뿐 아니라 세종대왕, 에이브러햄 링컨 등 역시 독서로 소양을 쌓았다. 그들의 훌륭함 중 일부는 독서로부터 비롯되었을 것이다. 개인마다 차이는 있겠지만 독서를 해야 훌륭한 사람이 될 수 있다는 사실 자체는 부인할 수 없다.

위와 같은 훌륭한 사람이 되기 위해 이제 막 본격적으로 독서를 하기로 마음을 먹었다면 욕심을 부려서는 안 된다. 처음부터 어렵고 두꺼운 책을 골랐다가 실패하면 영영 책과 담쌓는 일이 생길지도 모른다. 처음에는 가볍고 흥미 있는 책 한 권을 선택한다. 얼마만큼의 기한이 걸렸든 그것을 도중에 그만두지 않고 끝까지 읽었다면 절반은 성공한 셈이다. 그러고 나서 같은 종류의 책 여러 권을 단기간에 읽을 수 있도록 노력한다. 그것까지 해낸다면 이제는 좀 더 깊이 있는 내용의 책을 읽어도 좋다. 역시 처음에는 포기하지 않는 것이 중요하다. 모든 일에는 순서가 있듯 독서 역시 이렇게 차근차근 해 나간다면 그리 어려운 것이 되지 않는다.

책은 내가 경험하지 못한 것을 간접적으로 경험할 수 있게 한다. 그럼으로써 생각의 폭을 넓혀주고 깊이를 깊게 해준다. 우리는 주린 배를 채우는 일은 당연하게 생각하면서도, 주린 뇌를 채우는 일은 버겁게 생각한다. 배고플 때 양식을 먹는 것처럼 뇌고플 때는 책을 읽어야 한다. 책은 마음의 양식이라는 말을 기억하자.

 이기는습관

● 모두가 책의 중요성을 알고 있다.

● 성공한 사람들은 어렸을 때부터 책을 가까이했다.

● 책은 내가 경험하지 못한 것을 간접적으로 경험할 수 있게 한다.

● 배고플 때 양식을 먹는 것처럼 뇌고플 때는 책을 읽어야 한다.

인과의 법칙을 자각하라

원인이 있으면 반드시 결과가 있다.

고타마 싯다르타

당신은 오늘 아침 왜 5시에 일어났는가? 아침 시간을 의미 있게 보내고 출근 준비를 하기 위해서다. 그렇다면 왜 회사에서 상사에게 혼이 났는가? 어떤 일을 제대로 처리하지 못해서다. 이처럼 우리가 일상에서 겪는 수많은 일들은 원인과 결과로 이루어져 있다.

사실 우리의 일상 전체가 원인과 결과를 반복하며 이루어진다. 원인 없는 결과는 있을 수 없다. 따라서 그 실체를 파악하는 일은 무엇보다도 중요하다.

어떤 사람이 하는 말을 잘 못 알아들을 때가 있다. 그럴 때는 상대

.

방이 인과관계에 상관없이 이야기를 막 풀어놓았거나 내가 이야기의 인과관계를 파악하지 못한 경우가 대부분이다. 따라서 의사소통을 제대로 하기 위해서는 대화 역시 인과관계에 따라 조리 있게 말하는 것이 좋다. 실컷 드라마 이야기를 하고 있는데 갑자기 혼자서 음악 이야기를 한다면 당신을 좋아하고 당신과 대화하기를 즐기는 사람은 그리 많지 않을 것이다. 또한 평소에 모든 일을 원인과 결과에 따라 생각하는 훈련을 해서 상대가 조리 있게 말하지 못해도 찰떡같이 알아듣는다면 어디를 가나 당신이 대화의 중심에 서게 될 것이다.

또한 인과관계에 대한 사고력은 상대에 대한 이해와 배려의 힘으로 확장된다. 어떤 사람의 행동을 이해할 수 없다가도 차근차근 그 행동에 대한 원인을 분석하고 그럴 수도 있겠다는 이해를 하게 되는 것이다. 그리고 이는 더 나아가 앞으로의 행동을 역추적할 수 있는 무기가 된다. 상대가 자신과 다른 문화와 환경 속에서 자랐다면 이는 더욱 제 힘을 발휘하게 될 것이다. 안목과 식견은 더욱 넓어지고 다양함을 인정할 수 있는 대인배가 되어 많은 사람들에게 인정받을 수 있다.

불교에서도 '인과의 법칙'을 부정할 수 없는 자연의 법칙이라 여긴다. 굳이 불경의 어려운 용어와 철학적인 예를 들먹이지 않더라도 위에서 이야기했듯 우리의 일상에서 쉽게 그 법칙을 찾아볼 수 있다. 매우 단순하면서도 명백한 진리인 것이다. 이때 하나의 결과는 결과 그 자체로 그칠 수도 있지만 더 나아가 또 다른 일의 원인이 되기도 한다. 그렇기 때문에 세상사는 단순하면서도 복잡하다.

예를 들어보자. 어떤 사람이 일이 잘 안 풀려 담배를 피우기 시작했다. 이때 원인은 일이 잘 안 풀린 것이고 결과는 담배를 피운 것이다. 그런데 여기서 그치면 좋으련만 담배를 피우다 보니 자주 폐렴에 걸렸다. 이제는 굳이 말하지 않아도 알 것이다. 담배를 피운 것이 원인이 되고 폐렴에 걸린 것이 결과가 된다는 것을.

인과관계는 우리의 성공 여부와도 관련이 깊다. 어떤 사람은 복채를 주면서까지 점쟁이나 예언자를 찾아가 앞으로 자신에게 일어날 일에 대해 묻고는 한다. 점쟁이들은 신이 안내해 미래를 내다볼 수 있다고들 하지만 나는 그렇게 생각하지 않는다. 굳이 신과 함께하지 않더라도 인과관계를 잘 파악하면 보통 사람들도 점쟁이나 예언자 못지않게 앞날을 예측할 수 있다. 앞으로 일어날 수많은 일들을 나름대로 예상해보고 그에 일일이 대비할 준비를 하는 사람들 중 성공한 이가 많다는 것은 부인할 수 없는 사실이다. 설사 미처 예상하지 못한 해괴한 일을 겪더라도 이들은 크게 당황하지 않는다. 잠깐 어지러웠던 정신을 추스른 후 예전에 비슷한 경험을 하지는 않았는지, 인과관계에 비추어 볼 때 어떤 결과가 날 것인지 생각한 후 적절하게 대응한다. 어떤 일이든 인과관계부터 따져 보는 일에 훈련이 되었기 때문에 가능한 일이다.

반면 인과관계를 생각하거나 앞으로의 일을 예상하는 일에 익숙하지 않은 사람은 해괴한 일을 겪을 때 적절히 대응하지 못한다. 공황 상태에 빠지기 쉬운 것이다. 이 능력은 일상생활뿐만 아니라 곧 업무 능력에도 영향을 미친다. 전자는 순발력과 재능이 뛰어나다는 평을 들을 것이고, 후자는 눈치도 없고 무능력하다는 평을 들을 것이다.

인과관계에 대한 사고력은 실패 가능성도 줄여준다. 미리 앞날을 예측하면서 일을 하기 때문에 최대한 성공할 수 있는 쪽으로 몰고 갈 수 있다. 하지만 세상사가 모두 뜻대로 될 수는 없는 법이다. 그렇기 때문에 때로는 현실의 벽에 부딪혀 주저앉기도 할 것이다. 하지만 이 때 역시 실패한 원인이 무엇인지 분석하면 앞으로의 성공에 기폭제 가 되어준다. 실패한 그 상태로 멈출 것인지, 아니면 한 발짝 더 나아 갈 수 있는 도구로 이용할 것인지는 내 손에 달려 있다. 나 자신의 성 공을 위해서라도 스스로 점쟁이나 예언자가 될 수 있도록 노력하자.

 이기는습관

● 원인 없는 결과는 있을 수 없기 때문에 그 실체를 파악하는 일이 중요하다.

● 인과관계에 대한 사고력은 상대에 대한 이해와 배려의 힘으로 확장된다.

● 인과관계는 우리의 성공 여부와도 관련이 깊다.

질문하고, 또 질문하라

계속 질문하라. 호기심에는 다 이유가 있다.

영원, 삶, 기적처럼 놀라운 현실 구조의 신비를 가만히 살펴보면

경외심이 들 정도다. 이러한 신비에 대해 매일 조금씩 이해하려고 노력해보자.

신성한 호기심을 잃어서는 안 된다.

알베르트 아인슈타인

주위에 있는 어린아이들을 유심히 살펴보자. 그들은 한시도 가만히 있지 못한다. 높은 천장에 있는 물건을 억지로 꺼내려다가 다치기도 하고 길바닥에 떨어져 있는 것을 주워 먹기도 한다. 그러다 보니 부모의 속은 뒤집어지게 마련이다. 천사 같은 얼굴로 잠이 들었을 때나 방실방실 웃으며 애교를 부릴 때는 마냥 예쁘기만 한데, 집 안을

어지르고 아수라장을 만들며 여기저기 뛰어다닐 때는 악마가 따로 없는 것처럼 느껴진다. 아이들은 도대체 왜 그런 것일까? 부모의 속을 썩이려 작정을 하고 일부러 그러는 것일까? 사실은 그렇지 않다. 그들의 행동 원천은 모두 호기심에서 나온다. 태어난 지 얼마 안 되어 세상을 경험한 바가 별로 없으니 모든 게 신기할 법도 하다. 그런 자식들을 바라보며 가슴을 탕탕 치는 부모들, 자신들은 어렸을 때 안 그랬는 줄 안다. 하지만 천만의 말씀이다. 누구나 어렸을 때는 먼지 부스러기 하나도 신기하게 여겼다.

이 호기심은 삶에 생기를 불어넣는다. 어린아이들 중 세상을 다 산 것처럼 늘 무기력하게 있는 이들은 없다. 길가에 떨어진 쓰레기 하나에 울고 웃는 것이 바로 아이다. 하고 싶은 것도 많고 늘 모든 일에 눈을 반짝거리며 적극적으로 참여한다. 그러다 보니 그들에게는 자연적으로 꿈이라는 것이 생긴다. 그 꿈은 아이들을 더욱 기쁘고 즐겁게 만들어준다.

하지만 하나둘 나이를 먹으면서 사정은 달라진다. 공부라는 현실에 부딪히고 호기심과 창의력을 발휘할 수 있는 기회는 점차 줄어든다. 공부하는 기계가 된 것만 같은 느낌도 든다. 선생님이 설명해준 내용을 머릿속에 억지로 집어넣기도 바쁘다. 조금만 다르게 나가려고 해도 꾸중을 듣는다. 공부에 관심이 없는 내가 다른 세상 사람인 것처럼 느껴진다. 어떤 꿈을 꾸었는지, 진정으로 하고 싶은 일이 무엇이었는지 기억도 나지 않는다. 그저 공부를 열심히 해서 좋은 대학에 가고, 돈을 많이 벌 수 있는 좋은 직장에 다니는 것이 최후의 목표다. 어떻게 해서 그 목표를 다 이루었다고 하자. 그것에 기쁨과 뿌듯함을 느끼는 사람은 그리 많지 않다. 오히려 그럼에도 불구하고 왠지 모를 허전함과 답답함을 느끼는 사람이 훨씬 많다.

지금 우리의 모습은 어떤가? 매사에 관심을 기울이며 자신의 주어진 일에 최선을 다하는가? 물론 자신이 하는 일에 사명감을 느끼고 뜻한 바를 이루었을 때 뿌듯함을 느끼는 사람도 있겠지만 그들이 과연 몇이나 될까?

아침에 출근하는 자신의 모습을 다시 한 번 생각해보자. 시끄러운 알람 소리에 억지로 일어나 반쯤 감은 눈으로 출근 준비를 한다. 출근길에 꾸벅꾸벅 졸고 있음은 물론이다. 회사에 도착해서도 오늘 처리해야 할 업무들을 보며 머리를 쥐어뜯는다. 이 회사의 앞날을 자신이 책임질 것이라는 사명감은 이미 사라진지 오래다. 내용을 충실하게 작성하기는커녕 기한 내에 끝마치는 것에 의미를 둔다. 이러한 생활이 재미있을리 없다. 하루하루가 무기력하고 신나는 일이 없다는 생각에 그 무기력함은 더욱 마음속 깊이 파고든다. 여기서 우리가 말하는 신나는 일이란 무엇일까? 아마 로또 당첨쯤이 되지 않을까?

이제는 이러한 생활을 바꿀 때가 됐다. 생기 가득했던 어린 시절 자신의 모습을 되찾아야 한다. 그러기 위해서는 우선 호기심부터 끄

집어내자. 분명 우리 마음속 어딘가에는 커가면서 자취를 감춘 호기심이라는 것이 숨어 있다. 매사에 호기심을 가지기 시작하면 차츰 사는 것이 재미있어진다. 내가 궁금해했던 것의 답을 찾은 날에는 밥을 먹지 않아도 배가 부르다. 예상했던 답이 맞아떨어지기라도 하면 포만감은 배가 된다.

세상에는 아직 밝혀지지 않은 재미있는 현상들이 많이 있다. 위대한 과학자들 역시 그 현상에 호기심을 느끼는 것에서부터 출발해 업적을 쌓았다. 에디슨이 달걀을 품은 것은 누구나 다 알 만한 이야기가 아닌가.

또한 호기심은 생기를 잃어버린 우리에게 그것을 되찾아 주기도 하지만 우리의 사고력을 높여주기도 한다. 궁금해 했던 것의 해답을 찾으면 그 지식은 자연스럽게 자신의 것이 된다. 이는 궁금해하지도 않은 것을 누군가 억지로 심어주는 것보다 훨씬 효과가 있다.

공부에 있어 호기심이 무엇보다도 중요한 이유다. 질문을 잘하는 학생들이 상위권 성적을 유지 하는 것은 누구나 부인할 수 없는 사실이다. 그렇기 때문에 선생들은 학생들에게 종종 말한다. 궁금한 것이 있으면 질문을 하라고. 하지만 그때 질문하는 학생은 그리 많지 않다. 따로 찾아가 질문하는 학생 역시 마찬가지다. 오죽하면 선생들이 제발 질문 좀 하라고 사정을 할까. 그리해도 안 되면 나중에는 선생조차 포기해 혼자 떠든 후 수업을 마친다. 이런 악순환이 반복되어서는 절대 개인이 발전할 수 없고, 국가가, 나아가 세계가 발전할 수 없다. 당신의 어렸을 적 호기심은 어디에 있는가?

 이기는 습관

- 호기심은 삶에 생기를 불어넣는다.
- 매사에 호기심을 가지기 시작하면 차츰 사는 것이 재미있어진다.
- 호기심은 생기를 잃어버린 우리에게 그것을 되찾아 주기도 하지만 우리의 사고력을 높여주기도 한다.

겸손은 높아지는 지름길이다

겸손은 인생에서 발생할 수 있는 온갖 변화에 대한

마음의 준비를 하게 해주는 유일하고도 진정한 지혜다.

조지 알리스

제일 싫어하는 사람의 유형에 대해 설문조사를 해보면 '~ 척하는 사람'은 빠지지 않고 순위권에 등장한다. 예쁜 척, 모르는 척 등 척의 종류는 많지만 그중에서도 모든 사람들이 고 개를 절레절레 흔들 정도로 최고봉은 잘난 척이다.

그럼에도 불구하고 우리는 주변에서 잘난 척하는 사람들을 흔히 볼 수 있다. 주변 사람들은 모두 그의 말에 귀를 기울이고 반응을 해주는 척하는 척하지만 속으로는 딴생각을 하거나 욕을 하게 마련이다. 그 사람이 자리에 없기라도 하면 모임은 더욱 활기를 띤다. 대화 주제 중 하나는 잘난 척하는 사람에 대한 뒷담화가 된다. 그렇게 위태위태하게 지속되던 모임은 오래가지 못한다. 언젠가 참다못한 사람들이 모두 그의 곁을 떠나버리기 때문이다.

예를 들어보자. 크게 성공한 한 남자가 있었다. 물론 그의 뛰어난 능력이 성공 요인이었지만 젊었을 때부터 운이 좋았던 것도 적지 않은 비중을 차지했다. 그는 우수한 기업들과 거래를 했고 수많은 부하 직원을 거느렸으며, 당연히 다른 성공한 사람들과 친분을 쌓았다. 그런데 그의 행동에는 문제가 있었다. 복도에서 부하 직원과 마주치기라도 하면 충고를 해 준답시고 자신의 경험을 들먹거리며 자기 자랑을 하기 바빴다. 또 같은 부류에 있는 사람들과 모인 자리에서는 늘 중심이 되기 원했다. 그러다 보니 튀는 행동을 했고 어떤 이야기라도 과장해서 말하곤 했다.

특히 자신의 이야기를 할 때는 그 버릇이 더 심해졌다. 사람들은 처음에는 그러려니 했지만 점점 횟수가 많아지고 정도가 심해지자 그를 싫어하기 시작했다. 앞에서 티는 안 냈지만 그가 없는 자리에서는 모인 이들 모두가 그를 욕하기 바빴다. 실력이 그리 뛰어난 것도 아니면서 잘난 척을 해대는 그와 교류를 하고 싶어 하는 사람들이 있을 리 없었다.

결국 하나둘 그의 곁을 떠났고, 그는 영문도 모른 채 주변에 있던

.

많은 인재들을 잃어야 했다. 그럼에 도 불구하고 자신에게 문제가 있다고 생각조차 하지 않는 그는 잘난 척하는 버릇을 여전히 고치지 못한다. 예전만큼의 성공은 꿈도 꿀 수 없게 됐음은 물론이다.

그런데 문제는 그중 한 명이 당신 자신일지도 모른다는 사실이다. 인간은 본래 자기중심적이기 때문에 누구나 다른 사람에게 인정받기를 원한다. 그 마음을 억제할 줄 알고 자신을 낮출 때 오히려 올라갈 수 있다는 진리를 아느냐, 모르느냐에 따라 인생이 바뀌는 것이다. 하지만 그것을 아는 사람은 그리 많지 않다. '겸손해지는 것이 제일 어려운 법이다'라는 말이 있을 정도다. 남에게 자신을 드러내고 싶은 욕망은 마음속에 서 끊임없이 꿈틀거린다. 하고 싶은 것을 할 수 없을 때 마음을 다스리듯이 이 욕망도 다스릴 필요가 있다. 그렇다면 어떻게 해야 다스릴 수 있을까?

우선 자신이 하고 있는 일은 오로지 자신의 것이라는 사실을 기억해야 한다. 이 생각을 항상 머릿속에 지니고 있으면 웬만해서는 남에게 도움을 청하지 않고 혼자 힘으로 일을 해결하려 한다. 그러면서 자연스럽게 일에 대해 남에게 떠벌리지 않게 되는 것이다. 또한 남다른 사명감도 생기게 되고, 온전히 자신의 힘으로 일을 처리했을 때 뿌듯함도 느낄 수 있다.

어떤 물건을 소유할 때는 제 것을 그리 잘 챙기던 사람들이 일에 있어서는 모든 것을 공유하려 한다. 하지만 회사에서 능력을 인정받은 사람들 중에는 과묵해서 자신의 이야기를 다른 사람에게 하지 않고 회사 동료들에게도 관심이 없어 보이는 이도 있다. 그들은 동료들에게 매사를 귀찮아 하는 것처럼 비춰지기도 하지만 실은 자신이 맡은 일에는 온 집중을 다 하고 있는 것이 분명하다. 여기저기 돌아다니면서 모든 일을 공유하는 사람들보다 오히려 더 큰 결실을 낼 때가 많다. 따라서 자신이 맡은 일은 오로지 자신의 일이라는 것을 명심하고 입을 꾹 다문 채 최선을 다하자. 그리고 좋은 결과가 나왔을 때는 마음껏 자축하자. 남들이 축하해줄 때보다 혼자 자축할 때 기쁨이 배가 되기도 한다는 것을 알아야 한다. 그 기쁨을 오롯이 독점하기 바란다.

또 하나 기억해야 할 것은 내가 없어도 이 세상은 잘 돌아간다는 사실이다. 내가 어떤 일을 해내든 못 해내든, 성공하든 실패하든 어쨌든 지구는 돈다. 시간은 거침없이 흘러간다. 60억 명의 지구인들 중 내가 어떻게 이 세상의 주인공이 될 수 있겠는가? 불가능한 일이다. 하지만 내 세상의 주인공은 될 수 있다.

모든 사람의 중심이 되려고 욕심부리는 대신 나 자신의 중 심부터 되자. 그렇게 남의 이목에 신경 쓰지 않고 최선을 다하다 보면 스스로 잘난 척하지 않아도 남들이 알아서 먼저 내가 잘난 것을 인정해준다. 잘난 척을 한다고 해서 잘나지는 게 절대로 아니라는 것을 명심해야 한다. 게다가 오히려 더 퇴보할 수 있다는 것도 기억하자.

．

이기는 습관

● 마음을 다스리듯 욕망도 다스릴 필요가 있다.

● 내가 없어도 이 세상은 잘 돌아간다.

● 모든 사람의 중심이 되려고 욕심부리는 대신 나 자신의 중심부터 되자.

● 남의 이목에 신경 쓰지 않고 최선을 다하다 보면 스스로 잘난 척하지 않아 도 남들이 알아서 먼저 내가 잘난 것을 인정해준다.

아침에 마시는 차 한 잔의 여유는

저녁이 되어 일을 마칠 때까지

입안에 오랫동안 마르지 않고 남아 있다.

입안에서 마르지 않은 이 여유가

마음의 혁명을 일으킨다.

여유로운 off time을 즐겨라

평화로운 마음을 가져라.

그로써 다른 이들에게도 평화를 줄 수 있다.

토머스 아 켐피스

"언제 차나 한잔하지."

우리가 흔히 인사치레로 하는 말이다. 이는 "밥 한번 먹자"나 "술 한잔 하자"와도 통한다. 하지만 차에는 밥과 술과는 다른 특별한 무언가가 느껴진다. 밥은 다 먹고 나면 괜히 앉아 있기 민망하다. 여유롭게 담소를 나눌 겨를도 없다. 술은 마시면서 취하기 급급하다. 제정신이 아닌 상태에서 실수라도 한다면 더욱 최악이다. 하지만 차는 다르다. 집 혹은 카페에서 몇 시간이고 앉아 여유를 즐길 수 있다. 또한 죽자고 마시는 것도 아니다. 차에는 차만이 가질 수 있는 소박한 매력이 있다.

얼마 전 당신이 지인으로부터 좋은 차를 선물로 받았다고 가정해보자. 향도 좋고 몸에도 좋은 차란다. 차 같은 데에는 통 관심이 없었던 당신은 이제부터라도 차를 즐겨보기로 결심한다. 똑같이 마시는 것이지만 물보다는 맛있고 술보다는 몸에 좋기 때문이다.

아침 일찍 일어나 밥을 먹기 전 가스레인지 위에 주전자를 올려놓거나 커피포트에서 물을 끓인다. 물이 보글보글 끓는 소리는 왠지 모르게 기분을 좋게 한다. 정수기의 뜨거운 물을 준비하는 것도 나쁘지 않지만 가급적 물을 직접 끓여 그 소리를 들어보는 것을 권한다. 그렇게 뜨거운 물이 준비되었으면 선물로 받은 찻잎을 우려낸다. 집 안에 온통 향긋한 차 향기가 가득해진다. 그것만으로도 복잡했던 머릿속과 마음은 조금이나마 치유가 된다. 향기롭고 그윽한 차는 당신을 기분 좋게 할 것이다. 게다가 그렇게 차의 향과 맛을 음미하고 있자면 평소에는 느낄 수 없었던 여유를 느낄 수 있다. 출근 준비를 하느라 정신없이 뛰어다닐 때와 차 한잔을 느긋하게 마시며 마음을 가다듬을 때의 하루는 확연히 다르다.

차 한 잔의 기적은 어떤 일을 하는 도중에도 일어난다. 업무를 처리하다 보면 스트레스를 받게 되기 마련이다. 그런데도 바쁘다고 계속 머리를 강행군시키면 오히려 역효과가 난다. 제시간에 일을 다 마치지 못할 뿐만 아니라 그나마 처리한 일도 엉망일 수밖에 없는 것이다. 머리가 지끈지끈하고 잘 돌아가지 않는 것을 느끼면 그 즉시 자리에서 일어나자. 그리고 동료와 함께든 혼자서든 티타임을 갖는다. 그 잠깐 동안의 휴식은 머리를 다시 굴러가게 할 수 있는 원동력이 되어준다. 운영 방식이 좋기로 소문난 어떤 회사에서는 아예 티타임이 따로 정해져 있기도 하다. 직원들이 아무리 휴식시간의 필요성을 느껴도 상사의 눈치 때문에 쉽게 쉬지 못한다는 사실을 알고 있는 것이다. 이에 정해진 휴식시간을 마련함으로써 그 시간만큼은 눈치 보지 않고 모든 직원이 마음껏 쉴 수 있도록 배려한다. 그러면서 오히려 직원들의 능률은 더욱 높아진다. 일을 최대한 많이 시켜야 손해가 나지 않는다는 고정관념에 빠져나오지 못하는 회사들과는 확연히 구별될 수밖에 없다.

실제로 직원들에게 쉴 틈 없이 일을 시키는 회사도 있다. 이 회사에서 일하고 있는 직원들의 표정을 보면 위의 경우와는 사뭇 다르다. 생기 있는 얼굴로 눈을 반짝반짝 빛내며 일을 하는 직원이 그리 많지 않다. 하나같이 눈은 퀭하고 온몸에 매가리가 없다. 임원들은 이런 직원들을 보며 더욱 못마땅해진다. 그 원인이 자신들에게 있음은 알지도 못한 채 말이다. 그러면서 더 많은 업무를 가지고 온다. 하지만 그럴수록 직원들의 사기는 점점 떨어진다. 회사의 실적이 오를 리 없다. 악순환이 반복되는 것이다. 직원들은 어차피 오래 있을 회사도 아니니 대충 하자는 생각을 하고 임원들도 어차피 끝까지 끌고 갈 직원도 아니니 실컷 부려 먹고 버리자는 생각을 한다. 회사의 실적은 나아질 기미가 보이지 않는다. 하루빨리 차 한 잔의 여유가 가지는 힘을 알아야 한다.

아침에 마시는 차 한 잔은 저녁이 되어 일을 마칠 때까지 내 입안에 오랫동안 마르지 않고 남아 있다. 입안에서 마르지 않은 이 물기는 혁명을 일으킨다. 오랫동안 머리를 꽁꽁 싸매 도 해결하지 못했던 문제를 해결해주기도 하고, 불현듯 기막힌 아이디어를 떠오르게 하기도 하는 것이다. 또 바로 드러나지는 않지만 나에게 서서히 변화를 가져온다. 어느 순간 정신을 차리고 보면 훨씬 평화로워진 내 모습을 발견할 수 있다.

어느 날 아침 찻잔에 새겨진 글자들이 눈에 들어왔다. 늘 아무 생각 없이 보았던 문구였다. 하지만 고요한 혁명을 즐기기로 결심하고 보니 그렇게 마음에 들 수가 없다.

'off time.'

항상 'on time' 속에서 바쁘게 지내는 현대인들을 위한 안성맞춤 문구다. 아침에 차 한 잔을 마시는 동안만큼은 잠시 불, 시간, 생각 등 모든 것을 꺼두어도 좋을 듯싶다.

잠깐의 휴식시간으로 긴 시간을 효율적으로 활용할 것인가, 아니면 긴 시간 전체를 흐지부지하게 보낼 것인가. 또 고요한 혁명의 즐거움을 알고 살 것인가, 아니면 모른 채 살 것인가. 그 선택은 나에게 달렸다.

 이기는 습관

● 똑같이 마시는 것이지만 차는 물보다 맛있고 술보다 몸에 좋다.

● 차의 향과 맛을 음미하면 평소에는 느낄 수 없었던 여유를 느낄 수 있다.

● 잠깐 동안의 휴식은 머리를 다시 굴러가게 할 수 있는 원동력이 되어준다.

● 아침에 차 한 잔을 마시는 동안만큼은 잠시 불, 시간, 생각 등 모든 것을 꺼두어도 좋다.

지금의 일에 안주하지 마라

악취미는 무취미보다 낫다.

일본 속담

어렸을 때 당신의 모습을 기억해보라. 어린 당신은 어른이 되었을 때 무엇을 하고 싶어 했는가. 어렸을 때는 무궁무진하게 많은 꿈을 꾸었으며 지금으로써는 상상도 하지 못할 엄청 난 일을 반드시 해내리라 다짐을 하기도 했다.

하지만 지금은 어떤가? 당신은 당신의 일상에 만족하며 살고 있는가? 혹 어렸을 때부터 꿈꾸었던 일을 하고 있는가? 아니면 아직까지 이루지 못해 가슴속에 품고 있는가? 그도 아니면 아예 어렸을 적 꿈을 잊어버리지는 않았는가? 다양한 사람들이 있겠지만 중요한 사실은 꿈꾸었던 일을 하며 즐겁게 사는 사람이 그리 많지 않다는 점이다.

아침에 출근하는 사람들의 표정을 보라. 오늘 할 일에 대한 기대감으로 눈을 빛내고 있는 사람이 몇이나 될까? 학창시절 친구들을 만나도 "일하기 싫다", "곧 때려치우고 말 거다"라는 등의 이야기를 하는 사람이 대부분이다. 지켜야 하는 가정만 없었으면 진즉에 그만두었을 거라는 식인 것이다.

하지만 이런 식의 일상이 반복되다 보면 내 삶은 피폐해질 수밖에 없다. 하루 중 절반에 가까운 시간을 일하면서 보냄에도 불구하고 그 일이 재미가 없으니 인생 자체가 재미없게 느껴진다. 무언가 대책을 세워야 한다.

어떤 사람들은 이미 몇십 년 동안 해온 일을 그만두고 자신이 진짜 하고 싶었던 일을 뒤늦게 시작하는 경우도 있다. 오랫동안 다니던 회사에서 중역을 맡을 나이인 50대에 과감히 그만두어 버리는 것이다. 물론 쉬운 일은 결코 아니다. 용기를 내는 것부터 어려울뿐더러 어렵사리 용기를 냈다 하더라도 그다음에는 주위 사람들의 반대에 부딪히기 때문이다.

그럼에도 불구하고 나는 내 인생을 좀 더 재미있게 살 권리가 있다. 내 인생의 주인은 바로 나 자신이기 때문이다. 누구도 대신해줄 수 없다. 따라서 여태껏 몇십 년 동안 가족과 남을 위해 살았다면 한 번쯤은 오직 나 자신을 위해서 살아보는 것이 어떨까. 그렇다고 일을 아예 그만두라는 말은 아니다. 일을 아예 그만두고 새로운 출발을 할수 있는 여건이 되는 사람도 있겠지만 대부분의 사람들은 그렇지 못하다는 것을 알고 있다. 최선책을 선택할 수 없다면 차선책을 선택하면 된다.

인터넷 사이트를 검색해보면 직장인들끼리 모인 동호회가 많이 있다. 그들이 모여 하는 활동도 다양하다. 그냥 만나서 간단히 차나 술을 마시는 모임도 있고, 영화나 전시회를 관람하는 등 문화생활을 즐기는 모임도 있다. 또 등산, 각종 스포츠, 음악 등 좀 더 전문성을 요구하는 활동을 하는 모임도 있다. 그중 가장 하고 싶거나 재미있을 것 같다는 생각이 드는 모임에 가입하는 것도 좋은 방법이다. 어렸을 때부터 악기를 배우고 싶었지만 여건이 안돼 배울 수 없었다면 음악 동호회에 가입해 다른 사람들과 함께 어울리며 배워보는 것이다. 물론 취미로 하는 것이기 때문에 잘해야 한다는 큰 부담은 가질 필요가 없다. 부담감은 비우고 그 빈자리에 열정을 가득 채우면 된다. 일에서는 찾을 수 없었던 재미, 내 삶의 활기를 찾을 수만 있다면 그것만으로도 의미가 있다. 또 그동안 알지 못했던 다양한 사람을 만나는 일도 또 다른 즐거움이 되어 줄 것이다.

또 다른 즐거움을 알게 된 몇 사람들의 이야기를 해보자. 어느 한 독서모임에는 주부부터 교수까지 다양한 계층의 사람들이 있다. 이들은 2주일에 한 번씩 모여 책 한 권을 선정해 읽고 토론 거리가 될

.

만한 주제를 찾아 서로의 의견을 나눈다. 주부라고 해서 주눅 들지도 않고 교사라고 해서 우쭐대지도 않는다. 자신들이 좋아하는 책을 읽고 미처 내가 생각하지 못했던 다른 사람의 의견을 들으면서 사고가 확장되는 것을 즐길 뿐이다.

화초를 키우는 한 남자가 있다. 집 베란다는 그가 키우는 식물들로 꽉 찼다. 가족들의 만류에도 불구하고 그의 화초 사랑은 끝날 줄을 모른다. 퇴근 후 집에 돌아오면 베란다로 달려가 화초를 돌보기 바쁘다. 남자의 사랑을 알아차리기라도 한 것처럼 식물들은 무섭게 쑥쑥 자라난다. 그럼에도 가족들은 그를 전적으로 말릴 생각은 없다. 화초를 키우면서 그전보다 그의 얼굴에 생기가 돌고 자신들과의 관계가 더욱 돈독해졌음을 느끼기 때문이다.

놀이동산이나 공원에서 사람들의 캐리커처를 그려주는 여자가 있다. 그녀는 이름만 들으면 누구나 다 알 만한 대기업에서 10년 동안 일했었다. 대기업이니 당연히 근무조건도, 연봉도, 복지도 아쉬울 것이 없었다. 하지만 그녀는 긴 고민 끝에 결국 퇴사를 결심했다. 남들이 다 부러워해도, 힘든 것이 없어도 스스로 행복하지 않았기 때문이다. 부모님의 강요에 못 이겨 남들이 다 목표로 하는 회사에 들어갔지만 그녀가 진짜 하고 싶었던 일은 따로 있었다. 그것은 배고픈 예술이다. 당연히 대기업 다닐 때만큼의 눈곱만큼밖에 벌지 못하지만 그녀는 지금 행복하다. 이제는 자신이 그려준 그림을 마음에 들어 하는 사람들을 보는 것이 인생의 낙이 되었다.

주말마다 열리는 직장인 밴드 모임이 있다. 악기 연주를 좋아하니 활동적인 사람이 대부분일 거라 생각하겠지만 천만의 말씀이다. 오히려 책상에 가만히 앉아 무언가를 연구하는 직업을 가진 사람이 더 많다. 가만히 앉아 일하면서 받는 스트레스를 악기를 통해 날려버리는 것이기 때문이다. 이들은 둥 당거리며 스트레스를 풀지 않았더라면 진즉에 일을 그만둘 수밖에 없었을 거라고 이야기한다.

위의 사람들 예를 보면서 당신은 어떤 생각을 했는가? 부럽다고, 나도 해봐야겠다고 생각하지는 않았는가? 일주일에 45시간을 일하는 데 썼으면 다섯 시간 정도는 오로지 나를 위해 써도 전혀 아깝지 않다. 또한 이미 충분히 느꼈겠지만 이는 그리 어려운 일이 아니다. 먼저 시간을 만들어라. 멍하니 그냥 보내는 시간만 모아도 다섯 시간은 족히 넘을 것이다. 그런 다음 시작하는 것이다. 늦장은 부려도 좋지만 아예 중단을 해서는 안 된다. 인생을 길게 보고 최소 30년 동안 당신을 만족시켜 줄 또 다른 일을 찾아라. 그것에서 얻는 사소한 기쁨은 당신의 무료한 일상에 활력소가 되어줄 것이다.

이기는 습관

● 나는 내 인생을 좀 더 재미있게 살 권리가 있다.

● 부담감은 비우고 그 빈자리에 열정을 가득 채워라.

● 일에서는 찾을 수 없었던 재미, 내 삶의 활기를 찾을 수만 있다면 그것만으로
  도 의미가 있다.

● 사소한 기쁨은 당신의 무료한 일상에 활력소가 되어줄 것이다.

WINNING HABIT
39

계획은 현실성있게 준비하라

정말 게으른 사람은 어디에도 가지 못한다.

그리고 항상 바쁜 사람은 더 멀리 가지 못한다.

헤니지 오길비

어떤 일을 하기 전에 먼저 계획을 세워야 한다는 것은 누구나 다 알고 있을 만한 상식이며, 이미 앞에서도 언급한 바 있다. 그런데 계획을 세울 때도 주의해야 할 점은 있다. 무작정 계획을 세우고 그것을 실천하려고 하면 역효과가 나기 십상이다.

신년 계획을 세울 때나 새학기 계획을 세울 때 우리의 모습을 떠올려보자. 허투루 보낸 지난해를 반성하며 새해에는 꼭 무언가를 이루리라고 다짐한다. 다이어리를 사서 맨 앞장에 새로운 계획을 대문짝

.

165

만하게 적는 사람도 허다하다. 그런 데 그중에는 터무니없는 것들도 많다. 자신의 능력이나 여건은 전혀 고려하지 않은 채 거창하게만 세웠기 때문이다. 연봉이 2천만 원밖에 되지 않으면서 1년 동안 1억을 모은다거나 세계 일주를 하겠다는 등의 계획은 누가 봐도 무리수다. 그래서일까. 실제로 계획한 것을 실천하고 이루는 사람은 그리 많지 않다. 이는 장기계획에만 해당되는 것이 아니다. 당장 하루를 계획할 때도 너무 많은 일을 해내고자 하는 이들이 많다. 하지만 역시 자신이 무리하게 계획한 수많은 일들을 해결하지도 못한 채 그것을 끌어안고 울게 마련이다.

그렇다면 어떻게 하는 것이 좋을까? 계획은 구체적으로 짜되, 너무 빡빡하게 짜서는 안 된다. '과유불급'이라는 성어가 괜히 있는 것이 아니다. 오히려 정도에 미치지 못할 때 성공은 우리에게 손을 내민다.

우선 내가 하루 24시간이라는 시간을 어떻게 분배해서 사용하는지 검토해보자. 현대를 살고 있는 성인이라면 보통 오전 9시부터 오후 6시까지, 하루에 아홉 시간을 일하는 데 사용한다. 그리고 다시 그 아홉 시간을 어떻게 사용하는지 생각해보자. 아홉 시간 동안 딴짓 하나 하지 않고 일만 열심히 하는 사람이 있는가 하면 일과 휴식의 시간을 적절히 조절하는 사람도 있고 도대체 회사에 일을 하러 온 건지 놀러 온 건지 모르겠을 정도로 일을 하지 않는 사람도 있다. 당신은 이 중 어디에 속하는가?

·

세 번째 사람에게 문제가 있다는 것은 누구나 다 알겠지만 중요한 사실은 첫 번째 사람에게도 분명 문제가 있다는 점이다. 사람의 뇌는 기계가 아니기 때문에 분명 한계가 있다. 아홉 시간 동안 내내 일만 하면 뇌는 분명 과부하 상태가 된다. 많은 양의 일을 처리할 수는 있을지 몰라도 처리한 일의 상태가 어떨지는 장담할 수 없는 것이다.

따라서 오히려 상사로부터의 인정은 일과 휴식을 적절히 나누어 할 줄 아는 사람이 받게 되는 경우가 많다. 앞에서도 이야기했지만 적절한 휴식이 능률을 올려주기 때문이다. 앞으로는 하루 동안 일을 어떻게 할 것인지 계획을 짤 때 무작정 많은 일이 아닌 내가 할 수 있는 만큼의 일을 적절히 배분하기 바란다. 얼마나 많은 일을 열심히 하느냐가 아니라 처리 한 일을 얼마만큼 완벽하게 해내느냐가 능력을 인정받을 수 있는 키워드가 된다.

이제는 24시간 중 일하는 아홉 시간을 제외하고 평균 수면 시간 여섯 시간을 제외한 나머지 아홉 시간을 어떻게 계획해야 할지 생각해 볼 차례다. 이 역시 앞에서 이야기한 것과 그리 다르지 않다. 여가 동안 무언가 특정한 일을 한다고 하더라도 마찬가지로 쉴 틈은 있어야 하는 것이다. 그 특정한 일이 노는 것이라 해도 노는 것과 완전히 쉬는 것은 다르다. 노는 데도 신체적·정신적 활동이 필요하기 때문이다. 그렇게 설렁설렁 계획한 하루라도 일단 끝내고 나면 기분은 더할 나 위 없이 좋다. 개운한 마음으로 잠자리에 드는 행복이 얼마나 큰

지 느껴보기 바란다.

계획을 거창하게 짜놓게 되면 실현할 수 없다는 그 자체도 문제가 되지만 더 큰 문제는 절망에 빠져 의욕 자체를 아예 잃어버릴 수도 있다는 점에 있다. 그러면서 다음에는 시작도 하기 전에 포기부터 하고 만다. 나의 사기를 북돋울 수 있는 계획은 따로 있다는 것을 알아야 한다.

또 이런 계획 속에서 얻어지는 다른 선물도 있다. 나 자신만을 위한 시간이 바로 그것이다. 사이사이에 껴 있는 꿀 같은 휴식시간은 오직 나를 위해 쓰는 것이다. 어떻게 계획하느냐에 따라 사람마다 다르겠지만 그 시간은 분명히 존재한다. 제대로 처리하지도 못할 엄청나게 계획해놓은 일 때문에 그 시간은 한 시간이 될 수도, 적절히 시간 배분을 잘해서 네 시간이 될 수도 있다. 그냥 한 시간과 네 시간이라고만 하면 그리 큰 차이가 나지 않는 것처럼 느껴지겠지만 실은 그렇지 않다. 한 시간이 두 번 모이면 두 시간이지만 네 시간이 두 번 모이면 무려 여덟 시간이 되기 때문이다.

계산을 해보자. 하루에 네 시간씩 나 자신을 위해 시간을 모으면 1년 동안 1천460시간이 된다. 그리고 이 1천460시간을 24로 나눠보면 60일 정도의 날짜가 나온다. 즉, 이렇게 시간을 모으면 두 달에 가까운 휴가를 얻을 수 있다. 정말 엄청난 선물 아닌가.

·

이기는 습관

● 어떤 일을 하기 전에는 먼저 계획을 세워야 한다.

● 무작정 계획을 세우고 그것을 실천하려고 하면 역효과가 나기 십상이다.

● 계획은 구체적으로 짜되, 너무 빡빡하게 짜서는 안 된다.

● 계획을 거창하게 짜놓게 되면 실현할 수 없기도 하지만 절망에 빠져 의욕 자체를 아예 잃어버릴 수도 있다.

● 나의 사기를 북돋울 수 있는 계획은 따로 있다는 것을 알아야 한다.

스스로 감옥을 만들지 마라

우리는 인생을 너무 자세하게 계획하는 경향이 있다.

단순하게 살아야 한다.

헨리 데이비드 소로

감옥이라는 단어를 떠올려보라. 어떤 느낌이 드는가? 아마 공포심이나 거부감이 먼저 드는 사람이 대부분일 것이다. 그만큼 감옥은 당연히 부정적인 곳이다. 그런데 많은 사람들이 자신이 만든 감옥에 스스로를 가두어버린다는 사실을 알아야 한다. 스스로 만든 이 감옥은 다른 감옥보다 훨씬 답답하며 빠져나오기가 힘들다. 따라서 처음부터 스스로 감옥을 만들지 않도록 해야 한다. 그렇다면 어떻게 사람들이 스스로 감옥을 만들고 자신을 그 안에 가둔다는 말일까?

·

스스로를 감옥에 가두는 주범은 바로 나의 지나친 욕심이다. 앞에서도 이야기했지만 많은 사람들이 계획을 세울 때 자신의 능력과 여건은 생각하지 않는다. 분수를 모르고 지나치게 욕심을 부리는 격인 것이다. 그리고 이 지나친 욕심이 대부분을 작심삼일로 이끈다. 우리는 주위 사람들과 "역시 작심삼일이지, 뭐" 하는 말을 자주 주고받고는 한다. 대수롭지 않게 생각할지 모르지만 끊임없이 반복되면 더 이상 예사롭게 생각해서는 안 된다. 나중에는 사소한 일 하나조차 처리하지 못한 것까지도 아무렇지 않게 생각할 것이기 때문이다. 내 손으로 처리할 수 있는 일이 하나도 없게 되었을 때 정신을 차려도 그때는 이미 늦다. 따라서 작은 일부터 차근차근 계획하여 제대로 끝낼 수 있는 습관을 들이는 것이 중요하다. 그러다 보면 언젠가 내공이 생겼을 때는 크게 계획한 일도 하나둘 씩 처리할 수 있게 된다.

더 큰 문제는 따로 있다. 자신이 세운 거창한 계획에 사로잡혀 다른 것에는 신경도 쓰지 못한다는 사실이다. 모든 일을 허둥지둥 처리하게 되고, 실수가 잦아지며, 마음의 여유를 잃어버린다. 계획만 엄청나다고 해서 일이 잘 풀리는 것은 아니라는 말이다. 이때 우리는 스스로를 감옥에 가둔다. 자신이 세운 계획은 그 감옥이 되어 나를 끊임없이 압박한다. 다른 일을 하고 있을 때도 그 계획이 자꾸 떠올라 두 가지 일을 모두 놓치고 만다. 또한 내가 세운 계획인데도 내가 그것을 이끌고 가지 못하고 계획이 나의 등을 자꾸만 떠미는 꼴이 되

.

고 만다. 내 생활이 나의 것이 아니게 된다. 그런데 좋은 결과가 나올리 없다. 스스로 만든 감옥에 갇혀 주체성을 빼앗긴 꼴이 되다니 얼마나 우스운 일인가.

그 감옥은 나의 주체성과 용기를 빼앗고 두려움과 공포심을 심어놓는다. 한번 감옥에 갇힌 이상 그 자체를 극복하는 것에는 엄청난 힘이 든다. 웬만큼 단단한 결심이 아니고서야 어림도 없다. 내가 할 수 있는 방법은 단 한 가지다.

계획을 다시 점검하는 것이다. 좀 더 내 숨통을 틔워줄 수 있는 계획으로 뜯어고쳐야 한다. 일단 그 감옥과도 같은 계획으로부터 두 걸음쯤 떨어져서 그것을 면밀히 관찰해보라. 얼마나 터무니없고 허황된 것이었는지 깨달을 수 있다. 객관적으로 바라보았을 때 내 능력밖의 일이라면 과감히 내려놓아라. 그리고 그보다 조금 약하지만 내가 충분히 훌륭하게 해낼 수 있는 일로 대체해야 한다. 그런데 만약 계획한 일이 부담된다 하더라도 꼭 하고 싶은 것이라면 기간을 넓게 설정하면 된다. 안 그래도 버거운 일을 빨리 처리하려 하면 탈이 나지만 시간을 두고 여유롭게 처리하려 하면 성공 가능성이 훨씬 높아진다. 그렇게 계획한 것을 이루었을 때 얻는 성취감은 이루 말로 할 수 없다.

예를 들어보자. 어떤 회사에서 비슷한 일을 두 명의 직원에게 맡겼다. 그것은 회사의 하반기 매출을 좌우할 정도로 결코 가볍지 않은 일이었다.

한 명은 그 일을 받자마자 꼭 성공적으로 해내겠다는 열정에 불탔다. 시간적 여유가 있었음에도 불구하고 다른 일들은 다 제쳐놓고 그 일에만 매달렸다. 평소에 자신이 맡아서 해온 일도 많았지만 그것마저 나 몰라라 했다. 그러면서 그는 왠지 모를 부담감과 불안감에 시달리기도 했다. 하지만 우여곡절 끝에 일을 끝내자 다른 한 명보다 자신이 더 일찍 해냈다는 뿌듯함을 느꼈다. 그리고 의기양양하게 상사에게 검토를 받았다. 하지만 결과는 좋지 못했다. 너무 빠르게만 처리하려고 한 나머지 내용이 부실했기 때문이다. 게다가 상사는 이 일 때문에 그 직원이 다른 일에 소홀했다는 것도 알고 있었다. 결국 그는 인정을 받기는커녕 배로 혼날 수밖에 없었다.

또 다른 한 명은 일을 맡고는 먼저 흥분되는 마음을 진정시키고자 했다. 들뜬 마음으로는 일을 제대로 처리할 수 없음을 알았기 때문이다. 어떤 일인지 차근차근 제대로 파악하고 이 해하려는 것부터 시작했다. 그리고 그것이 끝나자 자신의 스케줄을 조정했다. 그 일을 핑계로 다른 해야 할 일을 놓치긴 싫었기 때문이다. 다른 일에 지장을 주지 않는 선에서 계획을 짜 그대로 일을 진행시켜 나갔다. 물론 전자보다 끝마치는 데 오래 걸리기는 했다. 전자가 자신은 다 끝냈다며 기뻐했을 때도 그는 동요하지 않으려 애썼다. 자신의 페이스를 유지했다. 그리고 스스로 만족할 수 있을 때쯤 상사에게 보고했다. 상사

.

의 반응은 위의 경우와 사뭇 달랐다. 전자보다 늦기는 했지만 다른 일에 소홀하지도 않았고, 완성도도 높았으며, 얼마나 책임감을 가지고 일을 했는지 확연히 느껴졌기 때문이다. 전자가 아닌 후자의 일이 채택된 것은 당연지사다.

인생은 마음먹은 대로 돌아가지 않는다. 아무리 철저하고 훌륭한 계획을 세웠다고 하더라도 한 치의 오차도 없이 그대로 실행하기란 거의 불가능하다. 만약 계획한 대로 인생을 살 수 있다면 이 세상에 성공하지 못한 사람은 그리 많지 않을 것이다. 뜻하지 않은 크고 작은 사고가 연이어 발생하기 때문에 한 치 앞도 볼 수 없는 것이 인생이라고들 말한다. 따라서 계획은 수정되거나 보류될 수밖에 없다. 그때마다 잘 처신할 수 있는 지혜가 필요하다. 계획은 일을 효율적으로 처리하기 위한 것이지 자신을 감옥에 가두기 위한 것이 아니다. 계획이라는 감옥에 얽매이면 좀 더 나은 자신을 만들어가는 과정이 행복할 수 없다.

이기는 습관

● 스스로를 감옥에 가두는 주범은 바로 나의 지나친 욕심이다.

● 객관적으로 바라보았을 때 내 능력 밖의 일이라면 과감히 내려놓아라.

● 인생은 마음먹은 대로 돌아가지 않는다.

● 계획은 일을 효율적으로 처리하기 위한 것이지 자신을 감옥에 가두기 위한 것
   이 아니다.

．

열심히 일한 당신, 여행을 즐겨라

여행을 떠날 각오가 되어 있는 자만이
자기를 묶고 있는 속박에서 벗어나리라.

헤르만 헤세

당신은 자신의 일상이 행운으로 가득 차 있다고 생각하는가? 뜻밖에 일어난 일 때문에 생각지도 않은 이득을 얻곤 한다고 생각하는가? 아마 그렇지 않은 사람이 많을 것이다. 또한 오히려 그 반대의 사람이 많을 수도 있다. 일상은 불운으로 가득 차 있고, 뜻밖에 일어난 사고 때문에 될 일도 되지 않는다고 여기는 이들이 많은 것이다.

웬일인지 하루 종일 일이 꼬이기만 하는 날이 있다. 그날을 한번 떠올려보자. 당신은 어젯밤 저녁 휴대폰 알람을 분명 맞춰놓고 잤음에도 불구하고 알람을 듣지 못해 늦잠을 잤다. 대충 씻고 아침도 먹지 못한 채 대문을 나섰다. 아뿔싸, 회의 때 쓸 중요한 서류를 놓고 왔다. 다시 되돌아갈 수밖에 없다. 우여곡절 끝에 출근길에 올랐는데 하필이면 비가 내려 만원 버스 안이 습하다. 다른 사람들의 젖은 우산이 내 옷을 자꾸만 적신다. 더군다나 차까지 막힌다. 습하고 답답한 버스 안을 빨리 탈출하고 싶지만 도로 사정은 그렇지 못하다. 버스에서 내려 시계를 보니 출근 시간까지 5분 남았다. 회사는 죽어라 뛰어야 5분 안에 도착할 수 있는 거리에 있다. 그렇게 출근에 모든 힘을 소진한 당신은 오전 업무시간 때부터 일을 제대로 하지 못한다. 정신은 멍하고 몸은 힘들기 때문이다. 보다 못한 상사가 한마디 한다. 승진과 점점 멀어지는 기분이다.

오후 회의시간이 되었다. 나름대로 야심 차게 준비한 기획이었는데 사람들의 반응은 영 신통치 않다. 또 한 번 좌절하지 않을 수 없다. 지옥 같은 하루가 지나고 퇴근해 집에 돌아오면 몸은 녹초가 된다. 손가락 하나 까딱할 힘도 없다. 부정적인 생각은 꼬리에 꼬리를 물어 다음 달에라도 당장 이놈의 회사를 그만두고 말겠다는 결심까지 하게 된다. 그리고 다음 날 또다시 겨우 눈을 뜨고 떨어지지 않는 무거운 발걸음으로 출근을 한다.

어떤가? 상상만으로도 끔찍하지 않은가? 하지만 분명한 것은 인생을 살다 보면 누구나 이러한 하루를 한 번쯤은 꼭 겪는다는 사실이다. 따라서 생각을 바꿔야 한다. 누구에게나 행운과 불행은 비슷하게 오게 마련이다. 그것을 어떻게 생각하고 활용하느냐에 따라 각자의 인생이 달라지는 것이다. 두 사람이 앞에서 들었던 예와 같은 하루를 똑같이 보냈다고 가정 해보자. 한 명은 '내일은 또 달라지겠지' 하며 긍정적으로 생각하려 노력한다. 또 다른 한 명은 '내 인생이 그렇지, 뭐' 하고 단념하면서 긍정적으로 생각하려는 노력을 전혀 하지 않는다. 그 생각의 차이가 결과로 당장에는 드러나지 않더라도 죽기 전, 아니 10년 후에라도 인생을 돌아보면 엄청난 차이가 있다는 것을 알 수 있다. 긍정적인 생각을 가지고 사는 이의 인생이 더 윤택할 것임은 물론이다.

여기 또 하나, 긍정적인 생각이 당신에게 주는 선물이 있다. 사회인이라면 누구나 업무에 치여 스트레스를 받는다. 심지어 잠드는 일을 무서워하는 사람도 있다. 다음 날 일찍 일어나야 하는 자체가 스트레스로 다가오기 때문이다. 이때 주말은 평일에 치이는 당신에게 단비 같은 존재다. 목요일만 돼도 다가오는 주말에 설레 하는 사람이 많다. 또 월요일에는 이른바 '월요병'에 시달리는 사람이 많다. 하지만 또다시 내게 단비 같은 선물로 다가와 줄 주말을 생각하며 일을 하면 스트레스 대신 활력을 충전할 수 있을 것이다.

일주일은 7일이지만 5일이다. 7일의 계획을 5일로 짜는 일은 긍정적인 당신에게 뜻밖의 선물이 되어줄 것이다. 왠지 공짜로 이틀이라는 시간을 더 얻은 듯한 기분이 들지도 모른다. 또한 평일에 열심히 일하면 그만큼 주말이 더욱 기쁘고 감사하다. 평일에 열심히 일했으니 주말에는 당당히 떠날 수도 있다.

하지만 일주일을 정말 곧이곧대로 7일로 생각하고 계획을 짜면 이도 저도 아닌 게 될 확률이 높아진다. 주말에까지 일할 생각을 하면 평일에도 시간이 많다는 생각 때문에 덜 열심히 하게 된다. 그리고 막상 주말이 되면 '내가 주말에까지 일을 해야 되나' 하는 생각에 엄청난 스트레스를 받는다.

따라서 일할 때는 확실하게 일만 하고 놀 때는 확실하게 놀기만 하는 것이 좋다. 휴일에는 당신의 일들로부터 벗어나길 권한다. 완전하게 벗어나야 한다. 머릿속으로 잠깐도 생각해서는 안 된다. 일상으로부터의 일탈은 일상의 공간을 완전히 탈출해야만 가능해지기도 한다. 가까워도 좋다. 일이라고는 전혀 생각할 수 없는 분위기의 장소나 색다른 곳이면 된다. 간단하게 배낭을 꾸려 어디로 가는지도 모르는 버스나 기차에 몸을 싣고 떠난다고 생각해보라. 생각만 해도 설레지 않는가. 평일 동안 내가 속해 있던 쳇바퀴에서 잠시 빠져나와 한 발짝만 물러서도 새로운 세계를 볼 수 있다. 평일에는 내가 전혀 생각지도 못했던 파격적인 것이라면 더욱 좋다. 다시 돌아갔을 때 내가 할 일에 참신함을 불어넣어 줄지도 모른다. 그리고 이 주말을 당연한 것이라 여기는 대신 열심히 일한 나를 위한 선물이라고 긍정적으로

.

생각하면 주말 동안에만 하고 싶은 일이 불쑥불쑥 떠오를 것이다. 또한 이는 당신의 정신에 비타민이 되어줄 것이다.

5일 동안의 시스템에서 완전히 벗어난 뒤에야 더욱 활기차게 다시 5일 안으로 들어갈 수 있게 된다는 사실을 명심하라.

 이기는습관

● 누구에게나 행운과 불행은 비슷하게 오게 마련이다.

● 행운과 불행을 어떻게 생각하고 활용하느냐에 따라 각자의 인생이 달라진다.

● 주말은 평일에 치이는 당신에게 단비 같은 존재다.

● 일주일은 7일이지만 5일이 핵심이다.

사소함에 격분하지 마라

마음의 고통은 화를 내게 된 원인으로 인한 것이 아니라,

화를 냈을 때 얻게 되는 결과다.

마르쿠스 아우렐리우스

여기 둔한 사람과 예민한 사람이 있다.

신체적으로나 정신적으로 둔한 사람은 운동 신경이 뛰어나지 못할 뿐만 아니라 상대방 기분의 변화를 시시각각 알아차리지 못한다. 그래서 종종 지인들에게 섭섭함을 사기도 한다. 어떤 사람이든 자신에게 관심을 가져주는 이를 좋아할 수밖에 없다. 내 기분이 좋든 나쁘든 신경도 안 쓰는 사람을 좋아할 리 없는 것이다. 그런데 둔한 사람은 상대방의 감정 변화에 민감하지 못하다. 상대방의 기분이 별로 좋지 않다는 것을 모르고 평소처럼 장난을 치다가 화를 당한 경우도 적지 않을 것이다.

둔한 사람의 또 하나의 특징은 상대의 감정에 무심한 만큼 자신의 감정에도 무심하다는 것이다. 분명 다른 사람이 자신에게 해가 될 만한 일을 했는데도 쉽게 화를 내는 법이 없다. 그래서 다른 사람들에게 종종 무시를 당하기도 한다. '저 사람은 화를 낼 만한 일도 그냥 넘어가. 바보 같아' 하고 여겨지는 것이다. 얼핏 생각하면 둔한 사람은 친구를 제대로 사귀지 못할 것처럼 보일지도 모른다.

하지만 오히려 예민한 사람에게 더 큰 문제가 있다고 생각한다. 신체적으로 예민한 사람은 몸에 쉽게 탈이 나고는 한다. 그렇기 때문에 가릴 음식도 많고, 지켜야 할 사항도 많다. 조금만 일이 잘못되어도 피부에는 뾰루지가 생기고 각종 위장병에 시달리기 마련이다. 정신적으로 예민한 사람은 또 어떤가. 누가 조금만 신경을 건드려도 빽하고 쏘아붙인다. 한 마디 한 마디에 일일이 신경질적으로 답하는 사람을 좋아하는 이는 없을 것이다. 물론 적당한 감정 표현은 필요하겠지만 도가 지나치면 부족한 것만 못하다.

길거리에서 싸움이 붙은 경우를 가끔 본다. 그런데 알고 보면 신경이 예민한 사람이 그 주인공인 경우가 다반사다. 이러한 싸움은 덥고 습한 여름날 더 많이 발생한다. 사람의 기본 불쾌지수가 더욱 높은 때이기 때문이다. 생각해보자. 안 그래도 덥고 습해서 땀이 주룩주룩

나는데 만원 버스에 올라타게 되었다. 끈적끈적한 다른 사람들의 몸과 자꾸 부대끼면서 공들였던 스타일이 망가진다. 그런데 버스가 급정거를 하게 되고 어떤 사람이 내 발을 밟는다. 죄송하다는 사과를 받아봤자 기분은 나아지지 않는다. 결국 참지 못하고 한소리를 한다. 상대방 역시 실수였고 사과까지 했는데 뭘 더 어떻게 하냐, 면서 덤빈다. 그렇게 싸움이 시작되는 것이다.

위와 같은 경우에는 당연히 짜증과 화가 날 수도 있지 않겠냐고 따지는 사람도 있겠지만 마음에 여유를 가지려고 노력하는 사람은 결코 그것을 밖으로 드러내지 않는다. 그리고 그런 사람이 다른 사람과 어울려 사는 법을 더 잘 알고 있다. 게다가 문제는 여기서 그치지 않는다. 예민한 사람은 사소한 일에도 쉽게 짜증을 내기 때문이다. 처음에는 큰일에만 짜증을 냈을지 몰라도 그것이 버릇 되어 자신도 모르게 툭하면 화를 낸다. 이들의 짜증과 화를 매번 견딜 수 있는 사람은 아마 없을 것이다. 꼭 다른 사람이 싫어하기 때문에 짜증과 화를 참으라고 이야기하는 것은 아니다. 넘치는 화와 짜증은 자신의 몸에도 해롭다. 내가 화를 내는 일은 알고 보면 대부분 사소한 것일 뿐이라고, 굳이 화를 낼 필요가 없다고 생각하며 스스로 마음을 다잡아야 한다.

마음에 여유를 갖자. 속도가 중요한 현대사회를 살아가면서 우리는 마음의 여유를 잃어버리고 말았다. 옛 선조들은 느림의 미학을 알고 있었다. 인류에게 엄청난 혁명을 일으킨 농사를 짓는 일도 족히 1년이 걸리는 일이다. 벼가 빨리 자라지 않는다고 짜증 내고 실하게 여물지 않았다고 열을 내봤자 아무런 소용이 없다. 1년이라는 기간을 즐기면서 한 번 더 꼼꼼히 돌봐줄 때 오히려 벼는 더 잘 자란다. 다시 한 번 말하지만 화내고 짜증 내고 독촉한다고 해서 일이 더욱 잘 풀리는 것은 아니다. 오히려 한 빅자 쉬어가며 일이 본질을 똑바로 볼 때 그것의 해결책을 발견할 수 있다.

평소 짜증과 화가 많은 사람이라면 마음을 차분히 가라앉히고 조용히 앉아 한번 생각해보자. 내가 그동안 화를 내왔던 일들이 정말 그럴 만한 일들이었는지, 조금만 더 참았더라면 다른 사람과 서로 불편하지 않을 수 있지 않았는지 말이다. 아마 화를 충분히 참을 수도 있었던 사소한 일들이 많을 것이다. 그리고 더 나아가 그 화를 참았을 때 다른 사람과의 관계가 훨씬 더 좋아졌을 것이라는 사실도 깨달았을 것이다.

그렇다. 대부분의 사람들은 너무나도 사소한 일에 습관적으로 화를 낸다. 따라서 앞으로 또 화나 짜증이 습관적으로 나기 시작하면 일단 마음을 가라앉히고 정말 화를 낼 만한 일인지 생각해보기 바란다. 사람이 동물과 다른 이유는 이성의 존재에 있다고들 말한다. 그렇다면 이성이 있는 만큼 화가 나도 이성적으로 생각하고 한 번 더 참을 줄도 알아야 하지 않겠는가.

이기는 습관

● 둔한 사람보다 예민한 사람에게 더 큰 문제가 있다.

● 대부분의 사람들은 너무나도 사소한 일에 습관적으로 화를 낸다.

● 짜증과 화를 매번 견딜 수 있는 사람은 아마 없을 것이다.

● 넘치는 화와 짜증은 자신의 몸에도 해롭다.

● 화나 짜증이 습관적으로 나기 시작하면 화를 낼 만한 일인지 생각해보자.

자신의 귀를 즐겁게 하라

사람은 모름지기 매일매일 몇 곡의 노래를 듣고,

좋은 시를 읽고, 아름다운 그림을 봐야 한다.

그리고 좋은 말을 나눠야 한다.

요한 볼프강 폰 괴테

예술이란 무엇일까? 나는 아름다움을 표현하려는 인간의 욕망이 겉으로 드러난 것이라고 생각한다. 아름다움을 싫어하는 사람은 거의 전무하다고 봐도 무방할 것이다. 그만큼 사람은 아름다움을 추구하는 심미적 욕구를 가지고 있다.

미국의 심리학자 에이브러햄 매슬로는 인간의 욕구를 다섯 단계로 정의했다. 생리적 욕구, 안전 욕구, 애정·소속 욕구, 존경 욕구, 자아

실현 욕구가 그것인데 심미적 욕구는 그중에서도 제일 높은 단계인 자아실현 욕구에 해당한다.

그렇다면 예술의 종류에는 어떤 것이 있을까? 고대 그리스 시대에는 건축이나 의학을 예술이라 생각했다고 한다. 기술적인 것이 곧 예술이었던 것이다. 하지만 현대문명이 발달하고 나서부터는 하나하나 꼽을 수 없을 정도로 다양한 예술 장르가 생겨났다. 이제는 예술을 무엇이라 딱 정할 수 없게 되었다. 한 사람이 전혀 예술 같지 않은 것을 보고 어떤 감정을 느꼈다면 그 또한 예술이 될 수 있기 때문이다. 예를 들어 둥근 모양의 침대를 보고 "이 침대 정말 예술이다"라고 말한다면 그 침대는 정말 예술작품이 될 수 있는 것이다.

예술작품 하나가 사람의 감정을 들었다 놨다 할 정도로 예술은 엄청난 힘을 갖고 있다. 레오나르도 다 빈치나 구스타프 클림트와 같이 유명한 작가의 작품이 억 소리 나는 값에 팔리는 것을 보면 굳이 더 말하지 않아도 알 수 있다. 그런데 흔히 들 유명하지 않은 이상 예술로 밥 벌어 먹고사는 사람은 배고플 수밖에 없다고 말한다. 그렇다고 걱정할 필요는 전혀 없다. 예술의 힘은 위대하니 꼭 그것을 직업으로 삼으라고 말하고 있는 것이 아니기 때문이다.

업무에 치이는 일상 속에서 즐기는 예술은 정말 술만큼이 나 달콤하다. 꽉꽉한 일상을 보내고 있다면 예술로 그 꽉꽉 함을 부드럽게 해줄 필요가 있다. 시간이 없어서라는 말은 핑계에 불과하다. 꼭 시간을 내서 전시회 같은 곳에 가지 않아도 예술은 충분히 즐길 수 있다. 음악은 그중에서도 더욱 그러하다.

음악. 사전에는 '박자, 가락, 음성 따위를 갖가지 형식으로 조화하고 결합하여, 목소리나 악기를 통하여 사상 또는 감정을 나타내는 예술'이라고 나와 있다. 사실 음악은 다른 것에 비해 누구나 쉽게 접할 수 있는 예술이다.

길거리에서, 버스나 전철 같은 대중교통에서, 편의점, 대형 마트, 식당 등에서 시도, 때도 없이 음악은 우리의 귓가를 간질인다. 그럼에도 격한 거부 반응을 보이는 사람은 그리 많지 않다. 장르에 따라 호불호는 갈릴지 몰라도 음악 자체를 싫어하는 사람은 별로 없기 때문이다.

음악의 장르에 무엇이 있는지 여기서 일일이 열거하지 않더라도 참으로 다양하다는 것을 누구나 알 수 있을 것이다. 클래식부터 대중가요, 락까지 음악의 성격은 제각각이다. 하지만 클래식을 듣는 사람이라고 해서 무조건 고상한 취미를 가졌다고 할 수 없고 헤비메탈에 열광한다고 해서 무조건 반항기가 있다고, 저급한 음악이나 좋아한다고 단정 지어서는 안 된다. 음악은 장르가 다양하고 성격이 제각각인 만큼 우열을 가릴 수 있는 것이 아니기 때문이다.

어떤 음악을 선택하고 좋아하는지는 자신의 취향일 뿐이다. 최첨단 시대인 요즘에는 mp3 플레이어에 자신이 좋아하는 음악만 골라

담아 가지고 다니면서 들을 수 있다. 그래서 출퇴근길에 이어폰을 끼고 자신만의 음악을 듣고 다니는 사람을 심심찮게 볼 수 있다. 자신만의 음악은 그렇게 지친 일상에 활력소가 되어준다.

음악 감상이 훌륭한 활력소가 되어주는 또 다른 이유는 특별한 지식이 없어도 누구나 가능하기 때문이다. 그것을 즐기는 데 전문적인 지식을 필요로 하는 예술도 적지 않다. 하지만 음악은 그렇지 않다. 물론 음악을 연주하는 데는 연주 방법이 필요하지만 감상을 하는 데 필요한 것은 두 귀뿐이다.

게다가 음악에는 국경이 없다. 불어를 알지 못하면 불어로 된 책을 읽지 못하지만 불어를 알지 못해도 샹송은 얼마든지 들을 수 있다. 비록 가사는 이해할 수 없을지 몰라도 멜로디가 주는 느낌에 감동할 수 있다면 그것으로도 충분하다.

바흐는 독일 사람이고 비발디는 이탈리아 사람이다. 독일어와 이탈리아어를 하지 못한다고 해서 그들의 음악을 듣는 것 자체를 포기하는 사람은 아무도 없다. 당신 역시 그럴 것이다. 바흐와 비발디를 들으며 지구상에서 각기 다른 언어를 사용하는 사람들이 느끼는 감흥에 동참할 수 있는 것이다.

·

이기는 습관

● 예술이란 아름다움을 표현하려는 인간의 욕망이 겉으로 드러난 것이다.

● 업무에 치이는 일상 속에서 즐기는 예술은 술만큼이나 달콤하다.

● 음악 감상은 지친 삶의 훌륭한 활력소가 되어준다.

● 음악이 주는 멜로디에 감동할 수 있다면 그것으로도 충분하다.

.

독서에는 지혜가 담겨있다

인생의 모든 오락거리들 중

유익하고 재미있는 작품을 읽는 것만큼이나

인생의 빈 공간을 채우기에 적합한 것도 없다.

조지프 에디슨

독서의 중요성은 이미 앞에서도 말한 바 있고, 또 그렇지 않더라도 어렸을 때부터 주위 어른들에게 귀에 딱지가 앉도록 들어왔을 것이다. 그런데 그 중요성은 잘 알지 몰라도 실천하는 것은 그리 쉬운 일이 아니다. 하지만 재미있게 독서할 수 있는 방법이 여기 있다. 바로 소설을 읽는 것이다.

소설을 읽는 데는 당신의 사고력이나 판단력이 크게 필요하지 않다. 많은 사람들이 여가에 머리를 식히기 위해 가볍게 소설책을 읽기도 하고, 소설 읽는 것을 팍팍한 삶의 유일한 오아시스로 여기기도 한다. 어렸을 때 누구나 한 번쯤 눈물 나게 감동적인 소설을 읽고 밤잠을 이루지 못한 적이 있을 것이다. 소설 역시 그 어느 작품보다 사람의 감성을 자극할 수 있는 예술인 것이다.

많은 사람들이 쉽게 읽을 수 있고 주로 가벼운 내용을 다루고 있다고 해서 소설을 우습게 보아서는 안 된다. 어떠한 두뇌 활동보다 소설책 한 권에 더 많은 배울 점이 있을지 모른다. 세계에서 가장 위대한 문학 작품으로 뽑히는 것들 중 몇 가지는 소설이다. 그중에는 가장 대중적인 평범한 언어를 사용하는 것도 많다. 일상의 말들이 모여 독특한 미학을 완성시키는 게 소설인 것이다. 그럼에도 그 안에는 어느 철학서 못지않은 인생의 지혜가 담겨 있다. 실제로 소설 한 권을 읽고 자신이 인생이 달라졌다고 하는 사람들이 많이 있다. 미국 문학가의 거장 프랜시스 스콧 피츠제럴드가 쓴 《위대한 개츠비》는 황금주의 시절 황금에 때 묻지 않은 한 남자의 꿈과 열정, 사랑 이야기를 그린 소설이다. 이 책을 읽고 물질의 폐해를 깨닫게 된 사람들이 적지 않았을 것이다. 또한 그에 따라 자신의 이제까지의 삶을 반성하고 새로운 삶을 살기로 결심했을 것이다.

앞에서도 이야기했지만 무조건 어렵게 쓰이고 무거운 주제를 다루고 있다고 해서 좋은 소설은 아니다. 오히려 마치 작은 배에 올라 급류를 타고 내려가는 것처럼 단숨에 읽어 내려갈 수 있는 것이 좋은 소설에 가깝다. 최고의 소설은 그것을 읽기 위해 노력했다는 느낌을 조금도 받지 않으면서 읽을 수 있는 것을 일컫는다. 또한 그 소설에 몰두하면서 오히려 그동안 받았던 피로와 스트레스가 풀린다면 그 또한 최고의 소설이 될 수 있다.

소설을 읽을 때 당신은 특별한 노력을 하지 않아도 된다. 나무 아래 그늘에 누워도 좋고, 공원 벤치에 앉아도 좋고, 당신의 침대에 세상에서 가장 편안한 자세로 누워도 좋다. 다른 어려운 물리학책이나 철학책을 읽을 때는 상상조차 할 수 없는 일이다. 그것들은 책상 앞에 곧게 앉아 있는 자세를 요구하고 내용을 빼곡히 적을 수 있는 노트를 요구하기도 한다. 레프 톨스토이의 《안나 카레니나》를 읽으면서는 생기지 않는 일이다. 그 책은 변기 위에서나 침상에서나 식탁에서 손을 뻗으면 언제든지 당신에게로 달려와 준다. 리처드 파인만의 《물리학 강의》를 읽을 것인가, 레프 톨스토이의 《안나 카레니나》를 읽을 것인가를 선택할 사람은 바로 당신이다.

하지만 소설이라고 해서 모두 훌륭한 것은 아니다. 차마 소설이라고 말할 수도 없고 민망할 만큼 저급한 소설도 많다. 정말 소설가가 쓴 것이 맞나 싶을 정도로 문장이 엉망일 수도 있다. 또 도저히 무슨 이야기를 하는 것인지 알아들을 수 없거나, 오히려 우리에게 해가 되는 이야기를 교훈이랍시고 전달할 수도 있다. 따라서 소설책을 고를 때 자신의 취향을 우선적으로 생각하는 것이 물론이지만 어떤 소설이 좋게 평가되고 나쁘게 평가되고 있는지도 조사해보고 고려할 필요가 있다.

하지만 이러니저러니 해도 역시 좋은 소설은 당신에게 좋은 휴식과 여유를 제공할 뿐만 아니라 감성도 자극하니 아름답고 훌륭한 예술임이 틀림없다.

 이기는 습관

● 재미있게 독서할 수 있는 방법은 바로 소설책을 읽는 것이다.

● 소설을 읽는 데는 당신의 사고력이나 판단력이 크게 필요하지 않다.

● 어떠한 두뇌 활동보다 소설책 한 권에 더 많은 배울 점이 있을지 모른다.

● 좋은 소설은 당신에게 좋은 휴식과 여유를 제공하고 감성도 자극한다.

WINNING HABIT

45

감정을 풍요롭게 유지하라

지식은 다른 사람에게 전달될 수 있지만 지혜는 그렇지 않다.

헤르만 헤세

시詩라 하면 어떤 느낌이 떠오르는가? 아마 무작정 어려운 것이라 생각하는 사람이 많을 것이다. 사실 시는 쉽지 않다. 소설보다 짧은 문학 장르지만 소설보다 이해하기가 어렵다. 짧은 글 속에서 시인이 하고자 하는 이야기를 찾아야 하기 때문일까? 정말 그럴지도 모른다. 전달하고자 하는 이야기를 함축적이고 운율적인 언어로 표현하기 때문에 시인 것이다. 단 한 편의 시를 읽는 데는 보통 5분이 넘지 않는다. 그런데 또 단 한 편의 시를 읽는 데 10년이 걸리는 수도 있다. 그만큼 시는 풍요롭고 깊이를 헤아리기 힘들다.

.

다음의 시를 보자.

너는 울고 있었다.
파란 눈에서 빛나는 눈물방울이 흘러내렸다.

그때 나는 제비꽃이
이슬을 머금고 있는 듯하다고 생각하였다.

너는 웃고 있었다.
사파이어 보석이 네 곁에서 광채를 잃었다.

네 반짝이는 눈동자와 겨룰 만한 것은
아무것도 있을 수 없었다.

— 조지 고든 바이런, 〈너는 울고 있었다〉

영국의 유명한 낭만파 시인 바이런의 시다. 어떤 이가 울고 웃는다
는 것 외에는 별 내용이 없어 보이는가? 이 시의 작가가 하고 싶은 말
이 무엇인지 알아차릴 수 있겠는가? 그리 쉽지는 않을 것이다. 아마
'그래서 어쩌라고?'라고 생각하는 사람들이 있을지도 모르겠다.

이 시는 참으로 낭만적이다. 사랑하는 사람의 모습을 그린 것이기

.

때문이다. 한 사람을 얼마나 사랑하면 그이가 우는 모습을 제비꽃에 이슬이 맺혀 있는 것이라 생각하고, 웃는 모습을 사파이어보다 더 빛나는 광채라고 생각할 수 있을까. 자연물인 제비꽃과 인공물인 사파이어의 이미지가 겹쳐져 드러나는 오묘한 미적 감각 또한 돋보인다. 하지만 그보다 더 아름답다고 할 수 있는 것은 한 사람을 열렬히도 사랑하는 바이런의 마음이겠다.

위의 설명을 보면서 "캬~!" 하고 감탄사를 연발하는 사람도 분명 있을 것이다. 짧은 글에 숨어 있는 진리를 찾았을 때 우리는 이루 말로 할 수 없는 희열을 느끼기도 한다. 그것이 시가 가진 매력이다. 시는 깊은 지혜를 가장 숭고한 기쁨으로 전달해준다. 다시 말해 시는 언어를 도구로 하여 만들어지는 최고의 예술품이라 할 수 있다. 최고의 예술품이 인간에게 주는 기쁨을 무엇과 비교할 수 있을까?

그런데 안타깝게도 시를 읽는 사람들이 점점 줄어들고 있다. 매력이 있기도 하지만 그만큼 분명 어렵기 때문이다. 하지만 어렵다고 해서 거들떠보지도 않기에는 시가 가진 힘과 매력이 엄청나다. 조금은 버겁더라도 시를 즐기고, 그 시가 무엇을 말하고 있는지 분석하려는 노력이 필요하다. 만약 분석이 어렵다면 단순히 즐기는 것만으로도 좋다. 무슨 이야기를 하고 있는지 몰라도 나의 가슴에 찡한 감동을 주었다면 충분한 것이다. 어디까지나 시 역시 학문이 아닌 예술이기 때문이다.

·

세상이 급변하면서 사회는 점점 지식이 아닌 지혜를 필요로 한다. 지식은 어느 한 분야에만 써먹을 수 있지만 지혜는 변화에 맞게 얼마든지 조절해서 써먹을 수 있기 때문이다. 그래서 요즘 창의력, 상상력 교육이 중요해지고 있다. 창의력과 상상력을 기르기는 그리 어렵지 않다. 바로 시를 읽는 것이다. 시만큼 읽을 때 머리를 써야 하는 문학은 없다. 여기서 머리를 써야 한다는 것은 결코 똑똑해야 한다거나 지식이 많아야 한다는 말이 아니다. 어디로 튈지 모르는 당신의 상상력, 바로 그것이 필요하다는 이야기다. 난생처음 보는 시를 감상할 때 우리는 보통 자신의 창의력과 상상력을 동원하게 된다. 이 단어는 여기서 어떤 의미로 쓰였을까, 이 문장은 여기서 일상에서 쓰는 것과는 다른 의미로 쓰인 게 아닐까, 등을 고민할 때 자연스럽게 우리의 머리는 굴러가고 가슴은 뜨거워질 수밖에 없다.

당신의 직장에서는 상상력과 창의력을 요구하고 있다. 또한 창의적인 사고는 어떻게 해야만 계발될 수 있는가, 하는 문제가 과제처럼 주어진다. 요즘 시대에 상상력과 창의적인 사고를 잃어버리면 당신은 도태될 수밖에 없다. 나는 그런 당신에게 시를 감상할 것을 권한다. 음악과 함께 시만큼 당신의 상상력을 풍요롭게 만들 수 있는 것은 없다.

그런데 노파심에 다시 한 번 말하지만 시 역시 어디까지나 예술인 것을 잊지 말아야 한다. 시를 분석하는 데 필요 이상의 시간과 노력

.

을 기울일 필요는 없다. 여느 예술과 마찬가지로 시에도 정답이 없기 때문이다. 자신이 그렇게 느꼈다면 그런 이야기를 말하고 있는 시인 것이다. 시를 감상하는 것 자체에 또 다른 스트레스를 느낀다면 그것을 행할 이유가 전혀 없다. 머리 아닌 가슴으로 진정한 시의 매력을 느껴보기 바란다. 한 편의 시를 읽은 후 받는 숨이 멎을 듯한 벅찬 감동의 힘은 엄청나다.

 이기는습관

● 시는 깊은 지혜를 가장 숭고한 기쁨으로 전달해준다.

● 시는 언어를 도구로 하여 만들어지는 최고의 예술품이라 할 수 있다.

● 여느 예술과 마찬가지로 시에도 정답이 없다.

● 한 편의 시를 읽은 후 받는 숨이 멎을 듯한 벅찬 감동의 힘은 엄청나다.

웃을수록 행운은 다가온다

일찍이 나는 다른 사람들을 웃기면

그들이 나를 좋아하게 된다는 사실을 깨달았다.

아트 버크월드

"웃으면 복이 온다"는 말이 있다. 어떤 사람들은 이 말을 듣고 콧방귀를 낄지도 모른다. 웃기만 한다고 복이 오면 세상 모든 사람들이 성공했겠다면서 말이다. 하지만 웃음의 효과는 과학적으로도 증명된 바가 있는 만큼 무시할 수 있는 것이 아니다. 그럼에도 불구하고 현대인들은 웃음을 잃어버렸다.

멀리 갈 것도 없이 당신의 하루부터 떠올려보자. 당신은 하루 24시간 중에 몇 시간이나 웃는다고 생각하는가? 한 시간? 두 시간? 아마 모두 합쳐 한 시간 정도 웃는다고 하면 많이 웃는 편이라 할 수 있을 것이다. 그만큼 우리는 생각보다 웃음에 각박하다. 피곤한 몸으로 아침에 일어나고 출근해서 여덟 시간 동안 일하고 집에 오면 녹초가 되어 쓰러지니 웃을 여유도, 그럴 만한 일도 없을 법하다. 하지만 그토록 팍팍한 일상이니 우리는 더욱더 그 속에서라도 웃을 거리를 만들어야 한다. 힘들다고 인상을 찡그릴수록 그럴 만한 일만 벌어지기 때문이다.

우리는 가끔 텔레비전의 코미디 프로그램이나 코미디 영화를 보며 웃고는 한다. 하지만 그것만으로는 부족하다. 하루 중 3분의 1을 일하면서 보내는데 그때 한 번도 웃지 않는다면 삶이 얼마나 무료할지 일부러 설명하지 않아도 누구나 다 상상 할 수 있을 것이다. 따라서 우리는 일상 속에서도 웃어야 한다. 웃을 일이 없다면 웃을 일을 만들어서라도 웃어야 한다.

우리가 웃을 때 몸에서는 엔도르핀이라는 물질이 나온다. 이 엔도르핀은 혈액순환이 잘 될 수 있도록 도움을 주고 면역력이 강해지도록 도와준다. 스트레스 해소에도 효과가 있다. 시원하게 웃고 나면 스트레스가 확 풀리는 것을 누구나 경험해본 적이 있을 것이다.

또 크게 웃을 경우 15개의 얼굴 근육과 231개의 몸 근육이 움직인다고 한다. 10초 동안 크게 웃으면 조깅을 4분 동안 하는 것과 같은 효과를 얻을 수 있다니 놀 라지 않을 수 없다. 얼굴 근육이 위로 당겨

지니 피부가 처지지 않을 수 있고 탄력이 생길 수 있다. 게다가 웃음에는 장수 효과도 있다고 한다. 하루에 15초 이상 크게 웃기만 해도 원래 수명보다 오래 살 수 있다는 것은 이미 밝혀진 사실이다. 이제는 웃음치료라는 것이 생겼을 정도다. 실제로 많은 환자들이 웃음치료에서 효과를 얻고 있다. 이렇게 직접적인 효과 외에도 겉으로 드러나지 않는 간접적인 효과 또한 셀 수 없이 많다. 어찌 되었든 우리 몸에 긍정적인 영향을 미친다는 것만 은 분명한 사실이다.

이처럼 웃음은 자신에게도 좋은 효과가 있지만 남에게도 좋은 기운을 불어넣어 준다. 얼굴에 짜증만 가득한 당신의 상사를 떠올려보라. 그는 직원이 조금만 사소한 실수를 해도 버럭 화부터 내고는 한다. 잘했다고 칭찬해주는 법도 없다. 당연히 해야 할 일을 했을 뿐이라는 태도로 일관하는 것이다. 회사에서 그를 좋아하는 사람은 단 한 명도 없다. 모두가 어쩌다 그의 짜증 섞인 표정을 보기만 해도 오늘 하루는 틀렸다고 생각할 정도다.

반면 그와는 정반대로 시종일관 얼굴에 미소를 달고 다니는 상사도 있다. 그는 회사의 분위기 메이커다. 직원들이 조금이라도 지쳐 보이거나 사기가 떨어졌다 싶으면 먼저 나서서 분위기를 바꾸려 애쓴다. 재미있는 이야기를 해주기도 하고 커피를 한 잔씩 타주기도 하는 것이다. 직원이 실수해도 웬만하면 좋게 이야기하려고 한다. 그러다 보니 그를 안 따르는 직원이 없다. 항상 웃고 있는 그의 얼굴을 보기만 해도 피로가 싹 풀리는 것 같다고들 이야기하고는 한다. 한 사람의 웃음이 전염되어 옆에 있는 사람들에게까지 영향을 주는 것이다.

똑같이 노력해 성공한 두 사람이 있다. 그런데 한 사람에게는 모두가 겉으로만 존경하는 척하고 뒤에 가서는 뒷말을 한다. 다른 한 사람에게는 모두가 진심으로 따르고 뒤에 가서도 그의 칭찬만 한다. 차이는 어디에 있을까. 바로 유머감각에 있다. 전자는 자신의 체면과 권위를 지나치게 의식해 근엄함을 내세웠고, 후자는 체면 따위는 상관하지 않은 채 남들에게 유쾌함을 선사해주었다. 그럼에도 불구하고 오히려 체면을 내세우지 않은 사람의 체면이 선 꼴이 되고 말았다. 나는 끊임없이 자신을 연마하면서도 심각한 얼굴을 좀처럼 풀지 못 하는 사람에게 유머 감각을 갖도록 권한다. 그는 유머 감각이 부족하다는 사실을 깨달아야 한다. 하지만 그렇다고 강박관념을 가질 필요는 없다. 자신이 소화할 수도 없는, 자신에게 맞지 않은 유머를 억지로 준비했다 간 도리어 역효과가 날지 모른다. 유머감각을 기르기 위해서는 우선 마음을 비워야 한다. 지나친 부담감을 내려놓고 마음에 여유를 가지는 것이 중요한 것이다.

그렇게 자연스럽게 체득한 유머는 당신의 신체적 건강과 정신적 건강을 좋게 할 뿐만 아니라 다른 사람에게까지 좋은 영향을 줄 수 있다.

일상이 아무리 힘들고 괴롭더라도 그러려니 하면서 일단 웃자. 다시 한 번 말하지만 분명 웃으면 복이 온다.

·

이기는습관

● 웃을 일이 없다면 웃을 일을 만들어서라도 웃어야 한다.

● 우리가 웃을 때 몸에서는 엔도르핀이라는 물질이 나온다.

● 자연스럽게 체득한 유머는 당신의 신체적 건강과 정신적 건강을 좋게 할 뿐만
아니라 다른 사람에게까지 좋은 영향을 준다.

WINNING HABIT
47

균형된 마음으로 행동하라

중용. 지나치거나 모자라지 아니하고 한쪽으로 치우치지도 아니한, 떳떳하며 변함이 없는 상태나 정도를 뜻한다. 공자孔子의 제자 자사子思가 지은, 유학 경전 중 하나이기도 하다. 이렇듯 중용의 미덕은 철학에서도 통할 만큼 훌륭하다.

하지만 현대인들은 중용의 가치를 잘 모르며 안다고 해도 쉽사리 인정하려 들지 않는다. '과유불급'이나 '자승자박' 등의 진리가 분명히 존재함에도 불구하고 귓등으로도 듣지 않는 것이다. 그러다 보니 자신이 무리하게 계획한 일에 질질 이끌려 다니고는 한다.

이 계획이라는 짐은 자기 자신뿐만 아니라 가족이나 친구들에게도 견디기 힘든 것이 되는 경우도 있다. 계획이라는 거창한 바윗덩어리를 삶의 한가운데 떡하니 놓아두고 주변 사람들까지도 계획대로 살아줄 것을 강요하는 것이다.

그러한 남편과 10년을 넘게 살아온 여자가 참다못해 한마디 했다.

"제 남편은 정말 해도 해도 너무해요. 퇴근하고 집에 들어 와 8시가 되면 개를 데리고 산책을 나가고, 9시가 되면 책을 읽기 시작하죠. 그리고 10시나 11시면 바로 잠자리에 들어요. 매일 이러한 생활이 반복됩니다. 그와 함께 무엇을 한다는 것은 상상할 수 없는 일이에요. 아이들이 조금만 놀아달라고 졸라도 어림없죠. 그는 자신의 계획에 어긋나는 행동을 스스로 도 용납하지 못해요."

그녀는 이어서 남편과 아이들 사이가 그리 좋지 못하다는 말도 덧붙였다. 자신들과 놀아주지 않는 아빠에 아이들은 섭섭해 하고 점점 더 어려워한다는 것이다. 또 남편은 남편대로 아이들이 하라는 공부는 하지 않고 매일 자신과 놀아달라고 조르는 것을 걱정한다고 했다. 정말 어리석은 남편이고 아빠이지 않을 수 없다. 공부를 강요하는 것뿐만 아니라 아이들과 놀아주는 것 역시 아빠로서 마땅히 해야 할 의무라는 것을 깨닫지 못한다니 말이다. 오로지 자신이 계획한 일에만

·

눈이 멀어 주위를 돌아보지 않는 것이다.

자신이 계획한 일에는 당연히 어느 정도 무게를 두어야 한다. 그러나 그 계획을 실천하기에 앞서 최소한 자신의 가족에 게 충분한 이해와 양해를 구해야 한다. 또 가능하다면 가족을 당신의 계획에 동참시키는 시도를 해보는 것도 좋다. 계획 자체를 아예 가족이 모두 함께할 수 있는 것으로 정한다면 더할 나위 없이 좋을 것이다.

예를 들어 당신이 아침에 30분만 일찍 일어나기로 한 계획을 진행 중일 때 가족을 동참시킬 수도 있다. 아이들 깨우기가 녹록지 않다면 간밤의 사건, 사고만을 늘어놓아 아침부터 세상에 대한 경각심을 불러일으키는 텔레비전 뉴스를 틀어놓는 대신, 아이들이 좋아할 만한 신나는 음악을 크게 틀어놓자. 아이들을 깨우는 아내의 목소리가 점점 커져만 가던 아침 풍경이 서서히 변화할 수 있을 것이다. 게다가 가족과 함께하면 당신 역시 힘들게 이행했던 계획을 수월하게 실천할 수 있을 것이다.

가족은 함께 산다는 의미만으로 동반자가 아니다. 온 가족이 아침 산책과 식사를 함께하는 것만으로도 당신 가족의 하루가 얼마나 풍요로워질지 상상해보라. 또한 당신 스스로를 옥죄었던 무리한 계획을 가족과 나눔으로써 그 무게를 덜 수도 있다.

부족하지 않으면서도 지나치지 않는 중용의 미덕을 갖춘다는 것은 쉬운 일이 아니다. 하지만 노력해야 한다. 당신의 계획에 지나치게 얽매이지 않으면서도 소홀히 여기지 않는 균형 감각을 갖도록 말이다. 너무 서둘러서도 안 되며 너무 뒤처져서도 안 된다. 자신의 욕망을 자제할 줄도 알아야 하며 바람직한 욕심을 가질 줄도 알아야 한다. 또한 자신의 계획에 지나치게 빠지다 주변 사람에게 해를 끼치는 우를 범해서도 안 된다. 이런 중용의 미덕을 갖추는 사람으로 거듭나기를 바란다.

그렇다면 중용의 미덕을 갖출 수 있는 좀 더 구체적인 방법은 없을까? 우선 앞에서 말한 대로 자신이 계획한 것을 가족과 함께 나눈다. 또한 자신의 계획이 너무 무리한 것은 아닌 지 한 발짝 떨어져서 스스로 바라볼 필요가 있다. 객관적인 눈으로 바라보다 보면 분명 자신에게 적정한 계획을 세울 수 있을 것이다.

계획을 세우는 것은 중요하지만 그것에 너무 얽매여 다른 일은 하나도 돌보지 못한다면 아무런 의미가 없다. 그 계획을 실천하면서도 다른 것들도 돌아볼 줄 아는 사람이 되어야 한다.

이기는 습관

● 당신의 계획에 지나치게 얽매이지 않으면서도 소홀히 여기지 않는 균형 감각
  을 갖도록 노력해야 한다.

● 자신의 욕망을 자제할 줄도 알아야 하며 바람직한 욕심을 가질 줄도 알아야
  한다.

● 자신의 계획이 너무 무리한 것은 아닌지 한 발짝 떨어져서 스스로 바라본다.

급할수록 돌아가라

천천히 걸어가도 늦지 않는다.

안철수

무언가를 하고자 계획했으면 다음에는 실천을 해야 한다. 실천 없는 계획은 아무런 소용이 없기 때문이다. 계획만 세우고 실천은 하지 않는 사람도 있지만 자신이 계획한 대로 척척 진행시키는 사람도 적지 않다. 그런데 이들에게 해주고 싶은 말이 있다. 의욕만 앞서 너무 무턱대고 시작해서는 안 된다는 것이다.

어떤 한 남자가 신년에 몸만들기라는 계획을 세웠다. 그동안 현실의 벽에 부딪혀 꿈도 꾸지 못했던 일인데 드디어 할 수 있게 된 것이다. 남자는 몸짱이 된 자신의 모습을 상상하며 신나게 운동 계획을 짰다. 그리고 계획을 실천하는 첫날, 그는 하루라도 빨리 건강해지고 싶은 마음에 시간이 많다는 이유로 네다섯 시간이나 운동을 했다. 죽을 만큼 힘들었지만 건강 해지기 위한 과정이라 생각하고 이를 악물었다. 그렇게 일주일 동안이나 무리한 운동을 계속했다. 결과는 어떻게 되었을 것이라 예상하는가? 물론 당신의 예상대로 그 남자는 결국 쓰러지고 말았다. 당분간 운동을 할 수조차 없는 지경에까지 이르렀다. 뒤늦게 후회했지만 어쩔 도리가 없었다. 그 남자의 꿈 실현은 아주 뒤로 미뤄질 수밖에 없었다. 몸짱이라는 새싹이 트기도 전에 씨앗을 지나치게 괴롭혔던 것이다.

그렇다면 어떻게 해야 했을까? 처음 시작하는 것인 만큼 가볍게 시작해야 했다. 몸이 운동이라는 것에 익숙하지 않으니 스트레칭을 꼬박꼬박 하고 처음 몇 주 동안은 한 시간 내로 하는 것이 나았을 것이다. 그러면 몸짱이라는 조그마한 새싹이 조금씩 움텄을 것이다. 그런데 새싹이 텄다고 해서 지나치게 페이스를 올려도 안 된다. 자신에게 버거운 페이스가 겨우 튼 새싹을 다시 말라 죽게 할 수도 있기 때문이다.

여기서 하고 싶은 말은 계획의 시작 단계에서부터 좌절을 겪어서는 안 된다는 것이다. 그 좌절은 과도한 욕심에서 시작된다. 따라서 무엇인가를 시작하기 위해 움튼 싹이 한 그루의 나무로 성장하기 전에 사라져 버리지 않도록 세심한 주의가 필요하다. 욕구의 싹에 너무 큰 부담을 안겨주어서는 안 된다. 빨리 자라라고 과한 영양제를 계속해서 투여하다 보면 오히려 그 싹은 죽고 만다. 처음에는 달팽이처럼 기어가는 듯해도 아주 작은 성공을 거두는 계획의 수립이 필요하다. 천천히 가도록 하자. 작은 돌멩이들이 쌓여 한 개의 돌탑이 만들어지듯 당신은 우선 작은 성공에 만족하고 기뻐해야 한다. 물론 내가 염려하시 않아도 당신은 자신이 이룩한 작은 성공 앞에서 활짝 웃으며 기뻐하겠지만 말이다. 그 작은 성공은 다음의 성공을 불러온다. 서두를 필요가 전혀 없는 것이다. 남들보다는 조금 늦을지 몰라도 남들이 겪는 성공의 기쁨과 똑같은 기쁨을 맛볼 수 있다.

또 다른 예를 들어보자. 한 남자가 자신만의 돌탑을 세워 소망을 빌기로 결심했다. 그런데 빨리 세우고 싶다고 처음부터 자신의 등에 거대한 돌덩이를 짊어진다면 어떻게 되겠는가. 돌탑을 빨리 완성할 수 있기는커녕 그는 얼마 안 가 지쳐 쓰러지고 말 것이다. 자신이 감당할 수 있을 만한 무게의 돌멩이를 쉬지 않고 옮기고 쌓아가는 사람들, 그들만이 마침내 자신만의 아름다운 탑을 쌓아올릴 수 있게 된다.

인생의 시간은 1시간씩 혹은 30분씩 건너뛰면서 흐르는 게 아니다. 1초, 또다시 1초. 시간은 분명 이렇게 흐른다. 물론 0.00000001초보다 더 짧은 시간도 있겠지만 여기서는 생략하기로 한다. 어쨌든 시간은 물이 한 방울씩 떨어지듯 차근차근 흐른다. 작은 돌멩이가 한 개씩 쌓여가듯 흐른다. 그리고 그 작은 돌멩이가 쌓여 커다란 돌탑이

.

되듯 짧은 시간이 모여 한 사람의 인생의 시간이 된다.

　짧은 시간 동안에 성공할 수 있었던 사람은 그리 많지 않다. 오히려 단번에 성공하기 위해 꼼수를 부리거나 욕심을 부리다가 좌절한 사람이 더 많다. 진정으로 자신이 계획한 일을 성공적으로 실천하고 싶다면 조급하게 생각해서는 안 된다. 느림의 미학을 느껴보고 그 속에 담긴 엄청난 힘을 꼭 경험하기 바란다.

 이기는습관

● 실천 없는 계획은 아무런 소용이 없다.

● 의욕만 앞서 너무 무턱대고 시작해서는 안 된다.

● 계획의 시작 단계에서부터 좌절을 겪어서는 안 된다.

● 아주 작은 성공이라도 계획의 수립이 필요하다.

● 느림의 미학을 느껴보자.

개척하는 사람들, 안주하지 않는 사람들,

앞으로 나아가는 사람들 앞에는

언젠가 황금의 다리가 놓일 수밖에 없다.

그것이 설령 위태롭게 걸린 외나무다리라고 하더라도

개척자에게는 바로 황금의 다리다.

자신의 마음을 컨트롤하라

모두가 중요한 존재다.

어느 누구보다 더 중요한 사람은 존재하지 않는다.

블레즈 파스칼

살다 보면 누구나 어려움을 겪는다. 야심 차게 준비한 사업이 망할 수도 있고 열심히 공부했는데도 원했던 결과가 나오지 않을 수도 있다. 돈이 없어 계획한 일을 아예 시작조차 하지 못하는 사람도 있을지 모른다. 아니면 아예 하고 싶은 일을 찾지도 못했거나.

문제는 좌절이 반복되거나 마음이 여린 사람들은 좌절을 겪을 때마다 자책을 한다는 사실이다. 자책한다고 해서 상황 이 나아지는 것도 아닌데 말이다. 오히려 자책은 상황을 더 나쁘게 만들기도 한다.

．

좌절했을 때 훌훌 털어버리고 다시 시작하다 보면 다음을 기대할 수도 있지만 자책하며 혼자 더 깊은 땅속으로 들어가 버리면 그조차도 불가능하기 때문이다.

성공과 실패를 결정지을 수 있는 것에는 자기 자신이 큰 비중을 차지한다. 얼마나 자신의 에너지를 폭발시킬 수 있느냐가 중요하다. 따라서 이들에게 필요한 것은 자기 암시, 즉 마인드컨트롤이다. 실제로 많은 사람들이 거액의 돈을 지불하면서 마인드컨트롤 프로그램에 참여하기도 한다. 성공할 수 있는 방법에 대한 연구는 이미 충분히 했을 것이다. 모두 각자가 준비하는 분야의 전문가 수준에 도달했다. 수많은 실패를 경험하며 어떻게 하면 실패를 하지 않을 수 있는지에 대한 경험도 풍부하다. 이제 이들에게는 방법에 대한 학습이 필요하지 않다. 마지막 단계가 그들에게 요구하는 과제는 바로 '자기 자신'을 알아가기다. 마인드컨트롤 프로그램은 참석자들로 하여금 자기 자신에게 집중할 수 있도록 도와준다.

마인드컨트롤 프로그램을 실행하는 기관마다 형태는 다르게 나타난다. 하지만 아무리 다양하다 하더라도 두 가지 사항은 공통적으로 존재한다. 여기서는 마인드컨트롤 프로그램이 제시하는 두 가지의 공통된 사항을 말하려 한다. 간추려진 내용이지만 당신이 주의 깊게 읽어본 뒤 하루도 빠짐없이 실천한다면 그것으로 충분하다. 의지만 강하다면 따로 마인드컨트롤 프로그램에 참여하지 않아도 된다.

．

첫 번째 사항은 바로 '자기 암시'다. 언제 어디서나 자신의 성공을 믿고 스스로 되뇔 수 있어야 한다. 자꾸 잊어버린다면 따로 정해진 시간을 마련하는 것도 좋다. 그 시간만큼은 온전히 자신의 성공을 믿고, 더 나아가 이미 성공한 것처럼 여길 수 있어야 한다. 그런데 이때 주의해야 할 점이 있다. 자기 암시는 구체적이어야 한다는 것이다. 단순히 '나는 성공할 수 있다'라고 생각하는 것은 큰 힘을 지니지 못한다.

얼마나 좋은 사무실에서 일하고 있는지, 직원들은 얼마나 많은지, 얼마나 많은 거래처들이 당신의 회사와 같이 일할 수 있는 것을 영광으로 생각하는지, 월 매출액은 얼마나 높은지, 깔끔한 양복을 입고 출근하는지, 가족들은 얼마나 자신을 자랑스럽게 여기는지 등을 말이다.

당신이 만나는 사람들, 당신이 사업에 성공하여 만나고 싶은 사람들이 있을 것이다. 혹은 사업에 성공하기 위해 만나야 하는 사람들이 있을 것이다. 그들의 모습 역시 구체적으로 떠올리고 그들을 만나는 현장을 당신 머릿속에 그려낼 수 있어야 한다. 당신은 사업차 만난 그에게 무슨 말을 하고 있으며 그 말을 할 때 어떤 눈빛을 띠고 있는가?

미래의 당신은 열심히 일한 자신에게 어느 날 최고급 외제 차를 선물할 수도 있다. 혹은 지금 그런 바람을 갖고 있다. 그렇다면 당신은 외제 차를 운전하고 있는 자신의 모습을 그려 내야 한다. 마치 인터넷에 접속해 원하는 물건을 검색하고 콕콕 집어내는 것처럼 당신의 머릿속으로도 그러한 과정이 일 사천리로 진행되어야 한다. 그리고 당신은 자신의 암시 속에서 선택한 차에 미리 타고 있어야 한다.

당신의 머릿속은 연극 무대다. 연극 무대를 설치하고 배우에게 대사를 마련해주는 감독처럼 머릿속에 미리 모든 것을 준비해놓아야 한다. 그리고 이처럼 당신이 자신의 미래를 최대한 세부적이고 구체적인 모습으로 머릿속에 그릴 수 있어야 꼭 이루고자 하는 힘이 커진다. 말보다 더 세세한 영상으로 말이다. 영상이 구체적이면 구체적일수록 당신은 더욱 그 꿈을 이루기 위해 노력할 수밖에 없다. 다시 한번 말하지만 자기 암시는 구체적이어야 한다. 그리고 지속적이어야 한다.

매일 정해진 시간에 자기 암시를 하라. 1분 혹은 5분이면 충분하다. 남의 눈치를 볼 필요도 없다. 자기 암시는 어디에 서나 가능하고 그것은 당신의 머릿속에서 수행되는 작업이기 때문에 누구도 그 사실을 알지 못한다. 당신의 프로젝트를 누구도 알아차릴 수 없다. 이만큼 쉬운 성공의 비결도 없지만 이만큼 강력한 힘을 가지고 있는 성공의 비결도 없다. 계속되는 자기 암시는 자가 발전기처럼 에너지를 내뿜는다. 그 에너지는 점점 커진다. 마침내 어느 날 당신은 꿈이 현실화된 것을 발견할 수 있을 것이다.

물론 절대 잊어서는 안 될 것이 있다. 자기 암시를 하면서도 꾸준히 성공하기 위해 노력해야 한다는 사실이다. 노력하지 않으면서 바라기만 하는 공상과 노력하면서 실천하는 자기 암시의 차이를 당신은 충분히 구분해낼 수 있을 것이라고 믿는다.

두 번째 사항은 자기 자신을 '사랑해야 한다'는 것이다. 자신을 사랑한다는 것은 무엇일까? 자신을 있는 그대로 받아들이고 자신의 일부를 장악하고 있는 콤플렉스를 인정한다는 말이다. 심지어 기억하고 싶지 않은 자신의 과거 또한 사랑해야 한다.

마인드컨트롤 프로그램은 사람은 집요하게 당신의 과거를 들춰낼 것이다. 잊고 싶지만 절대로 잊히지 않는, 바로 그 과거를 말이다. 하지만 그 과거까지 제대로 보고 인정할 수 있을 때 마인드컨트롤이 가능하다는 점을 잊지 말아야 한다.

두려움이나 분노 등과 같은 감정은 당신의 성공에 걸림돌이 된다. 사람마다 두려움을 느끼는 대상은 다 다르다. 각각 다른 과거를 갖고 있기 때문이다. 과거를 파헤치면 당신이 두려움을 느끼는 존재에 대해 알 수 있다. 눈을 감고 천천히 떠올려야만 한다. 한 장의 사진처럼 과거의 한 장면이 떠오르고 당신은 그때의 두려움을 다시 느끼게 될 것이다. 기억할 수 있는 과거는 아주 짧은 순간이지만 재생되는 두려움은 감당할 수 없을 정도로 커다랗다. 당신은 아주 오래전에 느꼈던 두려움이 아직까지 당신 안에 남아 있다는 사실에 놀라게 될 것이다. 오히려 그 두려움은 그때보다 더 커진 듯하다.

하지만 정신을 똑바로 차려야 한다. 두려움을 이기지 못하면 바뀔 수 없다. 자기 자신을 사랑할 수 없게 되고 결국 마인드컨트롤은 먼

나라 이야기가 되고 만다. 한 발짝 뒤로 물러선다. 오래전의 기억이 서서히 작게 보이도록 당신의 의식을 뒤로 물러서게 한다. 마치 카메라의 줌렌즈를 사용하듯.

이 작업은 당신의 두려움이 멀어지는 과거의 장면처럼 작아질 때까지 반복되어야만 한다. 또한 처음에는 몸의 컨디션이 좋고 조용히 혼자 있을 수 있는 공간에서 진행하는 것이 좋다. 만약 떠오른 과거 때문에 다시 시작된 두려움을 감당할 수 없을 때에는 즉각 작업을 중단시켜야 한다. 그리고 현실로 돌아와도 몸이 여전히 두려움 상태에 있다면 템포가 빠른 신나는 음악을 틀어놓고 춤이라도 추어라.

하지만 당신은 알아야 한다. 잊고 싶은 과거를 다시 떠올리는 것은 고통스러운 일이지만 과거의 일은 이미 사라졌다는 사실을 말이다. 당신의 기억 속에만 남아 있을 뿐이다. 게다가 인간의 기억은 제멋대로라 과장하거나 축소하기를 즐긴다. 사실 알고 보면 별일이 아닐지도 모른다는 말이다. 뒷걸음질을 반복하다 보면 당신은 어느 순간 오래된 두려움 또한 서서히 약해지고 있다는 사실을 발견하게 될 것이다.

벌레를 병적으로 무서워한 사람이 있었다. 벌레라는 소리만 들어도 그것을 제대로 보지도 못하고 도망가기 일쑤였다. 어렸을 때 엄청 징그러운 벌레를 보았기 때문이었다. 하지만 그는 달라지기로 했다. 아예 벌레를 늘 자신의 책상 위에 올려놓기로 한 것이다. 처음에는

.

끔찍이 무서웠지만 작은 벌레를 계속해서 보다 보니 생각했던 것보다 그리 무서운 게 아니라 는 것을 깨닫게 되었다. 벌레에 크게 놀랐던 어렸을 적 기억이 벌레를 실제보다 더 무시무시한 존재로 인식시켜 놓았던 것뿐이었다. 이제 그는 더 이상 벌레를 무서워하지 않는다. 자신의 과거를 정면으로 직시해 극복할 수 있게 된 것이다.

이렇게 두려움을 이겨낼 수 있게 되었다면 그다음에는 당신을 가장 기쁘게 한 과거를 떠올려보자. 환희에 차고 눈물이 솟게 기뻤던 순간, 작은 성공에 커다랗게 기뻐했던 순간, 행복했던 순간.

부모님에게 처음으로 칭찬을 받았던 때일 수도 있고, 대외적으로 크게 인정을 받은 순간일 수도 있다. 그 기억은 눈을 감고 있는 당신으로 하여금 당신도 모르게 입가에 웃음을 띠게 한다. 이번에는 가까이 다가가자. 카메라의 줌렌즈처럼 당신을 기쁘게 했던 순간으로 가까이 다가가자. 과거의 어느 한순간에 기뻐하는 어린 당신이 있고 당신을 칭찬하는 부모나 가까운 친구가 있는 곳으로 가까이 다가가자. 집중하자. 기쁨이 증폭될 때까지 가까이 다가가자.

두려움을 이겨내기 위해 과거를 떠올리는 만큼 자주, 아니 그보다 더 많이 작은 성공으로 기뻐했던 순간을 떠올려야만 한다. 반복해서 그때의 환희를 다시 느껴야만 한다. 그것은 또 다른 기쁨을 가져오는 에너지로 작용하게 된다. 그것으로 인해 당신 자신을 스스로 사랑스러운 존재로 여길 수 있게 됨은 물론이다.

.

성공을 꿈꾸는 당신, 자신을 사랑하는 이기주의자가 되자. 자신을 사랑할 수 있어야만 타인을 온전히 사랑할 수 있게 되고 일을 사랑할 수 있게 된다.

두려운 것도 많지만 좋아하는 것도 많은 나는 사랑스러운 존재다. 그리고 이제는 그것을 모두 인정할 수 있게 되었으니 더욱 자랑스럽다. 이제는 나 자신을 있는 그대로 바라볼 수 있게 되었고 사랑할 수 있게 되었다. 왠지 이러한 나라면 그동안은 실패했지만 앞으로는 계획한 일을 거뜬히 해낼 수도 있을 것 같다.

 이기는 습관

- 자책은 상황을 더 나쁘게 만든다.
- 성공과 실패를 결정지을 수 있는 것에는 자기 자신이 큰 비중을 차지한다.
- 자기 암시는 구체적이어야 하고 지속적이어야 한다.
- 자신을 사랑할 수 있어야만 타인을 온전히 사랑할 수 있게 되고 일을 사랑할 수 있게 된다.
- 두려운 것도 많지만 좋아하는 것도 많은 나는 사랑스러운 존재다.

WINNING HABIT
50

자신의 위치를 자각하라

지금의 나와 다른 내가 되고 싶다면

지금의 나에 대해서 알아야 한다.

에릭 호퍼

소크라테스가 말했다. "네 자신을 알라"고. 전 세계 사람들이 다 알 정도로 이 말은 유명하다. 기원전 고대 그리스 시대에 태어난 소크라테스가 한 말인 만큼 오래되었지만 아직까지도 사람들에게 진리처럼 받아들여지고 있다. 그만큼 맞는 말이기 때문이리라. 나 역시 모든 사람들에게 다시 한 번 이 말을 해주고 싶다.

"사람들이여, 너 자신을 알라."

모든 사람들이 다 알고 있는 말이지만 이것을 실행에 옮길 수 있

는 사람은 그리 많지 않다. 현명하고 지혜로운 소수의 사람들뿐만
이 실천할 수 있다. 왜 그런 것일까? 아마 현대인의 특성 때문이 아
닌가 싶다.

경쟁사회에 익숙해진 현대인들은 경쟁자의 모습만 보고 그들에게
뒤지지 않기 위해 달리고 또 달린다. 경쟁자의 모습은 바라볼 시간이
있지만 자기 자신의 모습이 어떤지는 바라볼 시간이 없다. 그 시간
동안 차라리 앞서 가고 있는 경쟁자의 모습을 한 번 더 보고 어떻게
하면 쫓아갈 수 있을까 고민하고는 만다.

또 남의 눈을 너무 의식한 나머지 그들 눈에 벗어나지 않기 위해
애쓴다. 자신이 진정으로 원하는 것이 무엇인지는 그리 중요하지 않
다. 남들과 조금이라도 다르면 마치 낙오자라도 된 것 같은 기분이
든다. 현대인들이 자아를 중요하게 생각하면서 개성 시대가 되었다
고는 하지만 한편으로는 전혀 그렇지 않은 것이다.

또 어쩌면 현대인이 처해 있는 주변 환경의 영향일지도 모른다. 주
위에는 볼 수 있는 것과 들을 수 있는 것, 느낄 수 있는 것 등 오감을
만족시킬 수 있는 지식과 정보가 범람한다. 남들은 다 아는데 자신만
모르면 뒤처지는 것 같아 일부러라도 더 찾는 경우도 많다. 그렇게
복잡한 현대사회 속에 자신을 맡기는 것은 아주 쉽다. 제대로 정신을
차리지 않으면 이리저리 휩쓸려 다닐 수밖에 없다. 결국 자신을 잃어
버리게 된다.

·

하지만 앞에서도 이야기했지만 자신을 사랑하지 않고서는 성공에 다다르기 힘들다. 그리고 자신을 사랑하는 것은 자신을 제대로 바라볼 수 있을 때 가능하다. 남들의 성공한 모습을 보고 부러워하기 이전에 지금 자신의 상태가 어떠한지부터 제대로 볼 수 있기를 바란다.

또한 당신이 무엇인가를 하고자 한다면 단순한 생활을 하는 것이 좋다. 그런데 복잡한 도시에 살면서 단순한 생활을 하기 위해서는 대단한 노력이 필요하다. 당신도 분명히 알 것이다. 심신이 피로하면 자신의 내면으로 침잠하는 게 쉽지 않다는 것을 말이다. 자신 안으로 깊이 들어가기 위해서는 커다란 에너지가 필요하다는 것을 잊지 말아야 한다. 그리고 그러기 위해서는 자신만의 신조를 한 가지 정해 그것만큼은 꼭 지키려고 노력하는 것도 좋은 방법이다.

사람이라면 누구나 행복을 추구한다. 하지만 그러면서도 어떤 사람은 행복이라는 것은 손에 넣을 수 없는 것이라며 포기할지 모른다. 반대로 행복을 손에 넣은 사람들도 분명 있다. 그 사람들은 행복이란 육체와 정신의 쾌락을 통해 얻어지는 게 아니라는 사실을 알고 있다. 이성을 풍부하게 하고 자신의 생활신조에 합당한 생활을 하는 것에 행복이 있다는 사실을 깨달은 사람들인 것이다. 자신의 생활신조와 일치하는 삶을 살아가는 데 성공한 사람들이다. 당신은 이 사실을 부정할 수 없을 것이다.

그렇다면 당신 역시 자신의 이성, 생활신조, 행동을 돌아보려는 노력을 해야 한다. 그렇지 않는 것은 자신이 갖고 싶어 하는 것을 얻기 위한 단 한 가지의 행동도 하지 않는 것과 같다. 어떤가? 바라는 것은 많으면서 그에 합당한 행동은 간과하고 있지 않은가.

당신의 생활신조와 행동 사이에는 얼마만큼의 거리가 있는가? 그 거리가 멀면 멀수록 당신의 인생은 무의미하게 될 확률이 커질 수밖에 없다. 따라서 당신은 행동과 생활신조를 일치시키기 위해 매일의 생활 방식을 검토하고 자신을 돌아보아야 한다. 쓸데없이 남의 훌륭한 모습만 쫓는 시간 낭비를 하는 대신에 말이다. 그것 외에는 별다른 방법이 없다.

죄를 지은 사람이 자신의 행동을 후회하는 것은 죄지은 행동이 자신의 생활신조와 전혀 일치하지 않았기 때문이다. 문제는 죄인들 중에는 자신의 행동을 후회하는 사람들이 많다는 것이다. 만약 죄수가 자신의 죄가 도덕적으로 훌륭한 일이라고 믿는다면 교도소에서의 생활도 즐거워야 할 것이다.

다시 한 번 강조하지만 남을 쫓기 전에 자신부터 알자. 그리고 자신에게 맞는 생활신조를 정해 일생 동안 그것을 지키며 살 수 있도록 노력하라. 그러다 보면 당신은 자기 자신만을 위해 살았음에도 불구하고 다른 사람들에게 칭송과 존경을 받을 수 있을 것이다. "그 사람은 누구보다 열심히 살았노라"고.

이기는 습관

● 자신을 사랑하지 않고서는 성공에 다다르기 힘들다.

● 자신을 사랑하는 것은 자신을 제대로 바라볼 수 있을 때 가능하다.

● 남들의 성공한 모습을 보고 부러워하기 이전에 지금 자신의 상태가 어떠한지
  부터 제대로 볼 수 있어야 한다.

● 쓸데없이 남의 훌륭한 모습만 쫓는 시간 낭비를 하지 마라.

.

당신이 주인공이다

오랫동안 꿈을 그리는 사람은 마침내 그 꿈을 닮아간다.

앙드레 말로

당신은 어떤 꿈을 꾸고 있는가? 누구나처럼 백만장자를 꿈꾸는 사람도 있을 것이고, 그런 것은 상관없이 소소한 행복만을 꿈꾸는 사람도 있을 것이다.

사람은 어릴수록 다양한 꿈을 꾼다. 나 역시 경찰관을 만나 보면 나쁜 사람들을 물리칠 수 있는 멋진 경찰관이 되길 꿈꿨고, 요리사를 보면 사람들에게 맛있는 요리로 행복을 선사하는 요리사가 되길 꿈꿨다. 이처럼 아이들의 꿈은 시도 때도 없이 바뀌어 아직은 진지하다고는 할 수 없을지 몰라도 그만큼 무한한 가능성을 열어두고 있다.

그런데 나이가 들면서 현실은 달라지기 시작한다. 공부 따위에 전혀 관심이 없어도 학교에 나가 의무적으로 교육을 받아야 한다. 내가 훌륭한 교육자가 되길 바라는 부모님은 나의 형편없는 성적을 보고 실망을 하기 일쑤다. 그렇게 많은 학생들이 자신의 꿈과는 전혀 상관없이 사방이 꽉 막힌 교실에 들어앉아 교사의 말을 일방적으로 들어야 한다. 이해가 잘되지 않음에도 불구하고 교사의 말은 멈출 줄 모르고 쏟아진다. 아이들은 그걸 모두 머릿속에 쑤셔 넣느라 정신이 없다. 귓속으로 들어가기도 전에 튕겨버리는 아이들도 적지 않다.

하지만 거기에 그치지 않는다. 마음에도 없는 대학에 들어가기 위해 입시 공부를 해야 하는 것이다. 견디다 못한 아이들이 부모에게 하소연해보기도 하지만 아이의 말을 진지하게 들어주는 부모는 그리 많지 않다. 대부분의 부모가 잠깐의 공부 스트레스 때문에 투정을 부리는 것으로 치부해버리곤 한다.

그렇게 또 어떻게 대학에까지 입학했다고 치자. 안심하기에는 아직 이르다. 이제 머리가 다 커버린 아이들은 더 이상 부모의 말을 잘 들으려 하지 않는다. 심한 경우에는 자신의 적성에 맞지 않는다는 이유로 애써 입학한 대학을 망설임 없이 때려치우기도 한다.

정말 큰 인생의 낭비가 아닐 수 없다. 자신이 하고 싶은 일만 하며 살기에도 부족한 시간이다. 그럼에도 불구하고 주변 사람들의 헛된 욕심 때문에 인생의 일부를 낭비하다니 너무나도 안타까운 현실이

·

다. 그런데 그때라도 자신의 길을 온전히 간다면 그나마 다행이다. 부모의 말을 차마 여기지 못하는 몇몇 사람들은 평생 자신이 진정으로 하고 싶은 일을 외면한 채 살 수밖에 없을지도 모른다. 부모가 원하는 일과 자신이 원하는 일이 일치하면 그보다 더 큰 행운은 없을 것이다. 하지만 그런 행운은 쉽게 찾아오지 않는다.

제발 바라건대 자신이 진정으로 하고 싶은 일을 하며 후회 없이 살아갔으면 한다. 수명이 늘어난 현대사회에서는 보통 40년 동안은 일을 하며 살아야 한다. 그런데 자신이 원하지도 않는 일을 40년 동안이나 해야 한다고 생각해보라. 지옥이 아닐 수 없다. 게다가 원하지도 않는 일이니 실력을 발휘하는 것도 쉬운 게 아닐 수밖에 없다. 반면 자신이 원하는 일이면 앞의 경우보다 노력을 덜 들이고도 성공할 수 있다. 결국 자신이 제일 하고 싶어 하는 일이 제일 잘하는 일이 될 수밖에 없기 때문이다.

지금 당신은 당신이 진정으로 원하는 일을 하고 있는가? 만약 그렇지 못하다면 한번 진지하게 생각해볼 것을 권한다. 물론 가족의 입장도 무시할 수 없지만 그보다 제일 중요한 것은 나 자신이기 때문이다. 내 인생의 주인공은 그 누구도 아닌 바로 자신이라는 것을 기억해야 한다. 그리고 그렇게 인생을 살았을 때 먼 훗날 세상에 미련을 남기지 않을 수 있고, 후회 없이 떠날 수 있다.

·

이기는습관

● 자신이 하고 싶은 일만 하며 살기에도 부족한 시간이다.

● 자신이 진정으로 하고 싶은 일을 하며 후회 없이 살아라.

● 자신이 원하는 일이면 아닌 경우보다 노력을 덜 들이고도 성공할 수 있다.

● 결국 자신이 제일 하고 싶어 하는 일이 제일 잘하는 일이 될 수밖에 없다.

● 내 인생의 주인공은 그 누구도 아닌 바로 자신이라는 것을 기억해야 한다.

.

작은 것에 감사하고 기뻐하라

만족할 줄 아는 자가 부자고, 만족할 줄 알면 항상 즐겁다.

도덕경

누구나 크게 성공하는 것을 꿈꾸며 살아간다. 돈을 많이 벌기를 바라고 남들이 떠받들어 주기를 바라는 것이다. 그러면서 실제로 그런 삶을 살아가고 있는 성공한 이들을 동경해 마지않는다.

하지만 우리는 다시 한 번 생각해볼 필요가 있다. 꼭 크게 성공해야만 행복할 수 있는가를 말이다. 나는 절대 그렇지 않다고 생각한다. 뉴스를 보면 누구나 다 알 만한 대기업가의 사건, 사고가 종종 보도된다. 친·인척끼리 돈 때문에 싸우고 심지어 형제끼리도 유산과 같은 돈 문제로 싸우곤 한다는 것이다. 대기업의 회장이 스스로 목숨을 끊은 경우도 적지 않다. 그렇게 비처지는 그들의 삶은 전혀 행복해 보이지 않는다. 행복에는 돈과 성공만이 다가 아니라는 사실을 새삼 일깨워준다.

가까운 사람에게 좋은 사람, 그들이 사랑하고 믿고 의지하는 사람이 되는 것은 지극히 어려운 일이다. 돈을 많이 벌고 이름을 널리 떨치는 것보다 더욱 어려울지 모른다. 순전히 자신을 좀 더 성숙한 인간으로 단련해야만 가능한 일이기 때문이다. 소박하고 단출하게 산다는 것 또한 현대인에게는 쉬운 일이 아니다. 금욕적인 생활을 한다는 것에는 커다란 의지가 필요하기 때문이다. 나는 주위 사람들로부터 사랑을 받으며, 자신의 삶에 만족하면서 소박하고 성실하게 사는 사람이야말로 자신의 인생을 성공적으로 이끌어가고 있는 것이라 생각한다.

하지만 역시 어느 분야에서 뛰어난 능력을 발휘하고 싶은 사람이 대부분일 것이다. 직장에서 높은 지위로 승진을 하고 싶은 사람, 솜씨가 뛰어나 주변의 모든 사람들에게 인정을 받는 건축가가 되고 싶은 사람, 영문학을 훌륭하게 번역하는 번역가의 일인자가 되고 싶은 사람, 재무 설계사로 성공하고 싶은 사람 등 그 분야는 다양하다. 그런데 어떤 일이 되었든 당신이 무엇인가를 배우기 시작해 차츰 그 일을 진행할수록 당신에게는 그 분야의 실력자를 알아보는 눈이 생길 것이다. 그러면서 당신은 세상에는 당신보다 뛰어난 실력자들이 참으로 많다는 것을 깨닫게 될 것이다. 그것이 당신을 주눅 들게 하고 의기소침하게 할지도 모른다. 하지만 그럴수록 당신은 아래와 같은 말을 되새김질해야 한다.

"성공한 사람의 자리는 언제나 비어 있다."

누구나 마이클 잭슨이나 윌리엄 셰익스피어처럼 대중음악이나 세계문학사에 발자취를 남길 수는 없다. 그것은 누구나 잘 알고 있을 것이다. 하지만 나의 성공도 꼭 그렇게 거창하기만 한 성공일 필요는 없다. 자신이 정성 들여 가꾸던 난이 어느 날 꽃을 피워냈다고 생각해보자. 누구나 알다시피 난을 기르는 일은 여간 까다로운 것이 아니다. 그런데 정성을 들인 끝에 난에 꽃이 피다니 그 순간 갖게 될 만족감이나 기쁨도 얼마든지 성공이라 지칭할 수 있다고 생각한다.

성공한 사람의 자리는 언제나 비어 있다. 그리고 당신이 그 자리에 있다고 느낄 수 있는 것은 당신 스스로에 의해서 가능하다. 또한 자신의 작은 성공에 기뻐할 줄 알면 그것은 훨씬 쉬운 일이 될 수 있다.

반면 누구나 다 인정할 만큼 사회적으로 성공했다 하더라도 스스로 만족감을 전혀 느끼지 못한다면 아무런 소용이 없다. 그의 내면은 불행에 젖어 있을 것이 뻔하다.

한 가지 덧붙이고 싶은 말은 실패를 두려워하지 말기를 바란다는 것이다. 실패하지 않는다면 당신은 아무것도 배울 수 없다. 사람은 성공에서보다 실패에서 더 많은 것을 배우기도 한다. 실패하더라도

.

또다시 일어나 노력하길 바란다. 노력하는 사람의 미래는 누구도 함부로 점칠 수 없다. 진정으로 노력한 사람들이야말로 나중에 이렇게 말할 수 있는 것이다.

"어느 날 아침 눈을 떠보니 유명해져 있더군요."

 이기는 습관

● 행복에는 돈과 성공만이 다가 아니다.

● 주위 사람들로부터 사랑을 받으며, 자신의 삶에 만족하면서 소박하고 성실하게 사는 사람이야말로 자신의 인생을 성공적으로 이끌어가고 있는 것이다.

● 자신의 작은 성공에 기뻐할 줄 알자.

● 누구나 다 인정할 만큼 사회적으로 성공했다 하더라도 스스로 만족감을 전혀 느끼지 못한다면 아무런 소용이 없다.

WINNING HABIT
53

마음의 안전핀을 뽑아라

모험은 해볼 만한 가치가 있다.

아멜리아 에어하트

어느 건물에서나 볼 수 있는 소화기. 이 소화기에서도 인생의 진리를 찾을 수 있다면 당신은 믿겠는가.

한 남자가 볼일이 있어 방문했던 빌딩 엘리베이터 앞에 서 있었다. 그는 엘리베이터를 기다리는 무료한 시간 동안 벽에 부착된 포스터나 광고를 읽어 내려갔다. 그리고 곧 벽의 가장 구석진 곳에 빌딩 관리사무소에서 부착해놓은 소화기 사용법에 관한 안내문으로 눈이 갔다.

'먼저 안전핀을 뽑는다.'

소화기를 사용하기 위해 가장 먼저 해야 할 일이었다. 남자는 사는 일도 이와 다르지 않다는 것을 새삼 깨닫고 온몸에 소름이 돋는 것을 느꼈다.

앞에서도 이야기했지만 사람이라면 누구나 꿈을 꾼다. 꿈이 없는 사람은 미래도 없는 사람이다. 당신 역시 현재 당신이 처한 상황에 만족하지 못하고 다른 일을 하고 싶은 열망으로 가득 차 있다. 하지만 그것을 가로막는 걸림돌들 또한 많다. 실패에 대한 두려움, 자기 자신에 대한 열등감, 지금 상황보다 더 나빠질지도 모른다는 불안감, 돈을 많이 벌어야 한다는 중압감 등 그 종류는 다양하다.

당신 안에서 또 다른 악마의 속삭임이 들려올지도 모른다. "현실에 만족해야지. 지금 너의 월수입과 상황이 그렇게 불만족스러운 것은 아니잖아?"

무엇인가를 새로 시작한다는 것이 당신이 안주하고 있는 현실을 뒤흔들까 봐 불안하다. 하지만 자신의 진정한 꿈을 실현해야 한다. 그리고 그렇게 당신의 가슴속에서 열망이 불타오르거든 현실 안주라는 소화기의 안전핀을 먼저 뽑아내야만 한다. 안전핀은 당신을 안전하게 보호해줄지 몰라도 더 발전할 수 있도록 도와주지는 않는다. 앞으로 나아가려면 어찌 되었든 예측할 수 없는 위험을 감수해야만 한다. 어두운 새 길을 개척해야만 한다.

그리고 개척하는 사람들, 안주하지 않는 사람들, 앞으로 나아가는 사람들 앞에는 언젠가 황금의 다리가 놓일 수밖에 없다. 그것이 설령

급류 위에 위태롭게 걸린 외나무다리라고 하더라도 개척자에게는 바로 황금의 다리다. 그 다리를 시작으로 점점 더 튼튼한 다리를 만나게 되고 마침내는 정말 황금의 다리 앞에 서게 될 테니 말이다.

당신이 현실에의 안주를 거부하고 열정이 흐르는 대로 걸어가는 또 한 명의 개척자가 되길 바란다.

 이기는 습관

● 당신의 가슴속에서 열망이 불타오르거든 현실 안주라는 소화기의 안전핀을 먼저 뽑아내야만 한다.

● 개척하는 사람들, 안주하지 않는 사람들, 앞으로 나아가는 사람들 앞에는 언젠가 황금의 다리가 놓일 수밖에 없다.

성공하는 직장인의
이기는 습관

초판 1쇄 발행   2020년 09월 20일

지은이   김상범

펴낸이   김왕기
편집부   원신화, 김한솔
디자인   푸른영토 디자인실

펴낸곳   **(주)푸른영토**
주소   경기도 고양시 일산동구 장항동 865 코오롱레이크폴리스1차 A동 908호.
전화   (대표)031—925—2327, 070—7477—0386~9 팩스 | 031—925—2328
등록번호   제2005—24호.(2005년 4월 15일)
홈페이지   www.blueterritory.com
전자우편   blueterritorybook@gmail.com

ISBN 979-11-88292-98-1   03320

2020 ⓒ 김상범